林靜如、鍾依庭、彭志煊 著

後青春
幸福相談室

20堂生活法律課
規劃你的富足人生地圖

【推薦文】

開始有趣、開始無悔吧！

王玥（金鐘影后）

人生是一張有趣（去）無悔（回）的單程車票，明明出生已經確定結局，但誰忍心直視這個真相？

整日活得像明天一直都在一般，直到老之將至、年老力衰才驚覺還沒準備好這一題：面對人生結局！

我在四十歲就開始準備，而今這本《後青春幸福相談室》提到每一條要注意的事項，我也一一比對，真的很實用，每一條我都有準備。好安心！

對我而言，這一項一項的提醒還有一個前提：有意願的開始好好照顧自己的身心靈，這樣才能達到幸福的老吻！

利用時間從事健康又有創造的行為，早點開始是必要的，因為，體力會影響行動力！開始有趣吧！開始無悔吧！

【推薦文】

從法、理、情，讓人生更圓滿

丘美珍（品學堂文化長）

大學時我讀的是新聞系，從新聞工作中認知的人生順序，常常是情、理、法，因為許多值得採訪的好故事，都是因為這樣的順序而產生。那時，看著法律系的同學，常常在圖書館對著幾大冊的法條苦讀，為的是準備小考大考以及最後關鍵的國考，說真的，不由得感佩他們的韌性及紀律。

人到中年，看到更多百感交集的人生故事，才知道，在那些生老病死的關鍵時刻，法、理、情，才是人生中的王道。

這本書充滿了善意及愛心，提醒我們為未來的風險預作準備，把擁有的資產預做安排，讓自己的諸多心願，能夠以合法合情的方式實現，不留遺憾。如果覺得六法全書深奧難測，那麼，請至少讀完這本書，便能大大降低我們及所愛的人此生遭遇的風險，讓老後的人生更加圓滿。

【推薦文】

迎接幸福老後的入場券

朱為民（醫師）

我在安寧病房工作，協助病人完成人生最後一段的旅程。我發現，善終，不是理所當然的。有的病人，他的善終，是輕鬆、自在、圓滿的；但有的病人，他的離開，是勞心、費力、辛苦的。差別在哪裡？關鍵在於，這本書裡提到的四個字密碼：事先準備。

事先準備，不僅是開啟善終大門的鑰匙，更是迎接幸福老後的入場券。這幾年在推廣預立醫療決定，我常常說，要做好預立醫療決定，有四個溝通：「盡早溝通」、「用心溝通」、「全面溝通」、「反覆溝通」。這四個溝通內含的道理，和律師娘這本書所提的重點幾乎完全相同。追求幸福的老後，我們都必須提早思考、用心溝通、全面準備、反覆確認。

謝謝律師娘出版這本好書，真心推薦。

【推薦文】

家和，人才親

吳存富（可道律師事務所主持律師）

執業多年，在工作中遇到的故事不少，其中最讓我感到遺憾的案件類型之一，就是手足鬩牆或親情決裂的家事事件。

每每遇到兄弟爭產或是親子互告的客戶，我一方面要維持律師的客觀理性，給予適當的法律上建議，卻又捨不得這些明明可以安享和樂的家庭成員，非得在法庭上互相攻訐，此後再也不相見。

身為社會上最能夠扶持弱勢、主持公義的專業人士之一，我誠心希望，透過本書對於法令的宣導，讓事先規劃、互信互諒的觀念傳達到每個家庭，讓紛爭平息，家和，人更親。

【推薦文】

讓「財產與愛」好好傳承下去

呂古萍（資深禮儀師）

身為禮儀師，我們的工作除了協助家屬處理身故親人的身後事之外，承接並支撐家屬的喪親哀痛，理解、包容的陪伴家屬走過這段悲傷的治喪過程，是我們的責任。禮儀服務上的專業難不倒我們，但是最怕面對家族紛爭，特別是遺產的問題，除了整個治喪過程會瀰漫火藥味之外，甚至還有聽聞在告別式現場大打出手的狀況。

人們總是會把「人生無常」四個字掛在嘴上，但有時又覺得死亡很遙遠，所以沒有做任何規劃，當無常瞬間來襲，留給親人的除了失去至親的傷痛，有時還有爭論不休的身後事或必須對簿公堂的財產問題。因為沒有事先規劃或白紙黑字的法律證明，總是會讓留下來的人在情理法或法理情的紛爭中拔河拉扯，親人手足因此鬩牆，甚至反目成仇、老死不相往來。

曾經聽過一位長輩這麼說：「古人造字很有學問，錢這個字是由金和二個戈組成，只要有利益，就容易造成雙方大動干戈。」

那麼該如何避免自己所愛的家人在承受喪親之痛時，不會再為了這些問題困擾？或許你可以透過這本書，提早學習預留遺願或遺囑，就是讓「財產與愛」能好好傳承下去的人生重要課題。

【推薦文】

擁有沒有遺憾的人生

李偉文（作家）

因應超高齡社會來臨，近年講各項老後議題的書很多，但是重要的準備與規劃，大多牽涉到法律規定，然而面對法律條文的用語，往往每個字都懂，合起來卻不知所云。

這不免讓人想起十多年前著名的日劇《龍櫻》（臺譯《東大特訓班》）裡櫻木律師給學生的棒喝：「……規則故意做得讓人很難明白，但是聰明的人會巧妙的利用它們，例如稅金、養老金、保險……就是你們這種不用腦又總是嫌麻煩的傢伙，只能被騙……」

臺灣和日本很像，幸好有這本書，透過很生活化的例子，讓法律條文化成我們聽得懂的「人話」，我們一般平凡百姓才不會被「騙」，進而能擁有沒有遺憾的幸福人生。

【推薦文】

享有幸福的選擇

涂心寧（社團法人台灣居家服務策略聯盟理事長）

作者靜如的斜槓人生多了一個「主要家庭照顧者」身份，她將這身份的經歷轉換為透過各式故事案例，結合依庭、志煊兩位作者的專業律師背景來跟大家對話，這是一個很好的社會溝通方式。

自己二十八年來在高齡照顧、長期照顧、身心障礙者服務等領域著墨，見識到許多感性與理性在生活中的展現，使人和人之間的情感發揮了不同的關係與力量。

藉由這些故事的剖析，相信可以幫助我們在決策的過程達到平衡，更可以使我們的選擇邁向幸福人生。

目錄

【推薦文】開始有趣、開始無悔吧！／王琄 003
【推薦文】從法、理、情，讓人生更圓滿／丘美珍 004
【推薦文】迎接幸福老後的入場券／朱為民 005
【推薦文】家和，人才親／吳存富 006
【推薦文】讓「財產與愛」好好傳承下去／呂古萍 007
【推薦文】擁有沒有遺憾的人生／李偉文 009
【推薦文】享有幸福的選擇／涂心寧 010
【自序】預先準備，做好規劃 015
【前言】人生未來的藍圖 021

PART 1

預先分配，及早決定

到了生命的「中點」，我們都有責任做好養老與傳承。
無論是財產或個人自主的權利，都可以透過法律的規劃，為自己做好準備。

第1課 他留給我們的，剩下回憶……——借名登記 029
第2課 希望是你照顧我的人生——意定監護 039
第3課 把分離的遺憾，變成圓滿——病人自主權利與預立醫療決定 049
第4課 拾起點滴記憶碎片，好好記載收藏——失智症與財產管理 059
第5課 真正能牽手一生的伴侶——同性伴侶晚年保障 069

PART 2

以信託做為規劃

有意識、有計劃的想想自己的退休生活怎麼過，並藉由各種理財工具去執行，
這是中年以後一定要放在心上的事情！

第6課 善用理財工具，創造無虞的未來——安養信託 081
第7課 不再擔心「萬一」的到來——遺囑信託與未成年子女保障 091
第8課 給孩子最完整的愛與保護——未成年子女信託 101

PART 3

保險安排，是為了保險

保險的本質就是一種事先安排，不只可為將來年老的自己做準備，成為老年生活穩定供給的一種選擇，也可以為兒女預留未來的財富。

第9課 投資自己的人生下半場——年金保險 111
第10課 有錢為何不能買保險？——保險利益 119
第11課 以無私的愛取代爭產亂象——將保險作為財產規劃 129

PART 4

離開前的叮嚀囑咐

遺產分配並非單純的數學題目，不是套用民法的公式就能得到完美無缺的解答。預立好遺囑，做好安排，讓遺產可以細水長流、達到最有效的利用，才是留給繼承者們最好的禮物。

第12課 別讓金錢成為傷害家庭情感的利器——遺產分配與預立遺囑 141
第13課 手足情誼，一輩子的課題——遺囑與特留分 149
第14課 為「沒有遺憾」而乾杯——拋棄繼承 157

PART 5

第15課 依照自己意志做的最終決定——遺囑的功能與內容 167
第16課 合法的必然，別讓疏忽造成無奈——遺囑的類型與要件 177
第17課 放下與寬容，讓人生往前走——遺囑執行人 187
第18課 將一切留給真正想給予的人——遺贈與死因贈與 195

自在熟齡生活規劃

在精彩人生的末段時光，您希望怎麼跟世界溫柔道別？
可以為自己做好生活所需的規劃，或者預先簽署安寧緩和決定，
讓最愛的家人不需做出艱難的醫療決定。
把最後寶貴的時間，用來珍惜細數點滴回憶，平靜且自在的，步向人生的盡頭。

第19課 高枕無憂的退休人生——以房養老 205
第20課 溫柔承接生命最後不可承受之輕——安寧緩和醫療 215
【結語】 聰明生活、認真生活，擁有幸福人生 225

【自序】

預先準備，做好規劃

林靜如

兩年多前，我摯愛的父親過世了。這對我來說，是個如夢似幻、至今仍不太真實的事情。

父親生前一直非常疼愛我，只要有任何問題，我都是找他解決，從小時候的勞作、元宵節的燈籠、人際糾紛到後來創業的林林總總。每次只要出了事，不管小麻煩還是大紕漏，父親總有辦法三兩下就用最簡單、最切中要點的方式幫我處理掉。

我還記得故事是從這裡開始轉折的。

那一年，我跟老公正風風火火的擴張我們的薯條連鎖加盟事業。年輕時曾經從事過空調設備施工的父親，開車載著我，到我們新加盟的店家指揮開幕前的設備配置，完工後又載我回家。

在回家路上，父親突然跟我說，他今天好累，前所未有的累。然後回到家，他很快就回房休息睡覺。

在那之後，父親的體力開始逐漸衰弱，我也發現，「老」這個形容詞，漸漸在父親身上看到了影子。

後來的父親，在我和老公創業的路上還是給了許多協助與建議，但我發現，他不再像以往說話那麼強悍有力，也開始說出「我年紀大了，已經沒辦法……」等等會認輸的話。

只是，或許是因為慣有的依賴，或是未經世事不成熟的耍賴，我還是有問題就找父親麻煩，從來也沒想過，有一天可能得要換我來照顧他，幫他解決問題。

時光就這樣過去，我從任性的小姐、任性的人妻，到成為任性的母親。老大成長的過程中，除了偶爾會帶父親去吃好的、出國旅遊之外，我還是動不動就跟父親鬧小脾氣、說孩子氣的話。

父親對我人生的各種轉折，總是又支持、又擔心，包括剛出社會開火鍋店、擺夜市、創立連鎖加盟、買房、經營自媒體……，他總是用父親的愛與溫暖包容著、鼓勵著，當然也少不了叮嚀與囉唆。

而歲月，也不客氣的一點點從他身上，抽走他年輕時的驕氣與自信。

父親離開的最後幾年，個性變得猶疑不定，對自己下的決定容易反反覆覆，甚至，還會開始對外求援。我開始感覺到，即使一個人曾經再怎麼意氣風發，也擋不住血肉之軀的自然凋零，必須屈就與服輸。

就在老二出生不久，我還忙碌於工作與出乎意料為母的慌亂中，父親被診斷出得了胃癌。

「這不是真的。」我比父親還不相信，這個看似平常的國民疾病，成為父親這樣一個強者的催命符。

其實父親最後離開的原因並非胃癌，因為在剛發現病灶時，醫生就建議父親切除全胃，癌症也沒有復發。但是，在切除全胃後的營養吸收問題，卻讓父親半臥床了兩年，最後因為他早年空調工作引起的肺部纖維化，漸漸無力自行呼吸而衰弱離世。

在父親臥床的那兩年，也是我半輩子到現在為止，最難度過的兩年。產後憂鬱症再加上照顧幼兒，以及奔波於醫院與工作、家中的日子，至今都讓我覺得那兩年的生活不是灰色，就是藍色的。而照顧衰老至病逝的父親，這個過程也讓我學習及領悟到許多。

原來，臥床不動，肌肉會萎縮，導致病癒也可能行動不便。

原來，臥床無法自行如廁的病人，尿布要包兩層，比較不容易長疹子。

原來，戴呼吸器可能會引起口部周邊的皮膚壓迫傷，所以要另外幫病人自費買防護的貼布。

原來，出加護病房的病人可能會暫時有幻覺、妄想的症候群，之後會緩解，不用過度驚嚇。

有太多的原來向我蜂擁而來，如潮水般淹沒了一直以來自認為冷靜、睿智、善於處理事情的我。

死亡、疾病、意外……，在不可控的命運之神面前，我們是多麼渺小。

最令人想不到的是，在父親數次來回病房與家裡的過程中，我還以為父親遲早會在我們的關心與照顧下逐漸康復，卻有一次，父親支開了我及兄弟，找了一位我們信任的長輩，聊了他一直沒有規劃過的後事。

我們從來沒想過，他·有·一·天·會·離·開·我·們，應該說是這麼早就離開我們。

或許是因為，這個結果太難熬，我們從來不想去面對。

父親走的前幾天，吃不下東西，我還記得我餵他半盒布丁，他吃了半個小時。我找了一位相識已久的語言治療師來看他，我記得這位朋友跟我說過，語言治療師可以協助指導老人肌肉萎縮後的吞嚥障礙，我也才知道父親一直以來吃東西會咳嗽，是因為吞嚥困難而嗆到，這對大部分的老人而言，其實很危險，容易造成嚴重的吸入性肺炎。

有太多的早知道，是我過去所不知道的，帶來的是父親過世後，我長期要療癒的遺憾與不捨。

在那之後，我決定做些什麼，讓父親所承受的苦難稍稍有價值。我決定將那些年我所學到的、沒做到的，好好用我可以掌握的資源傳遞出去，讓父親的最後生命旅程也可以是一種付出與貢獻。因為父親生前就是一個捨不得身旁的人辛苦受累的英雄，曾經幫助過非常多人。

「你父親真的是一個很棒的人，很照顧朋友。」每次遇到父親的朋友，每個人幾乎都這麼說。當時我沒說出口的是，其實他對家人也是這樣，永遠對家人比對自己好很多。

從父親身上，我學會的是助人、有愛、溫暖、寬容，但也同時學到他可能沒做到的……意外隨時會來臨，我們一定要做好準備，不管是心理上、生活上或經濟上。

這就是這本書誕生的原因。預先準備，做好規劃；為自己，也為身旁所愛的人。因為，我們都要好好的。好好的來，好好的過，好好的說再見，好好的經歷每一天。特別是到了生命的「中點」，我們都有責任做好養老與傳承，給自己一個完美的「終點」。

【前言】

人生未來的藍圖

林靜如

人到了中年，總會開始思考自己的「位置」在哪裡。以平均餘命來看，中年，就像是在生命的「中點」，像在爬一座山，看似要攻頂了，接下來好像也只能走下坡。

「我爬了多高？」
「還有機會再爬升嗎？」
「有爬得比別人高嗎？」
「我的糧食夠後面的路途吃嗎？」
「如果不再往上爬，有一天我會後悔嗎？」
「我的成就別人知道嗎？」
「累積的成果可以留下什麼紀念嗎？」

「我的後人可以維持我的成果，再創新局面嗎？」

我們心中存在好多問號。不得不說，人是唯一一種會往前看、更會往後看的動物，我們在乎自己做過些什麼、還能做什麼，更在乎別人會怎麼看自己。

這本書就是一本生命地圖，告訴你怎麼檢視自己走過的路、怎麼測量自己現在的位置，又怎麼規劃自己未來剩下的道路。

這幾年，我的生活中有一些震撼彈，除了最摯愛的親人過世之外，更令人意外的是，同年紀的幾個友人也因病驟逝，更有些生活圈中的人，臨近中年卻發生離婚、失財、手足鬩牆等等變故。意外很難完全預防，但，我們是否可以事先準備好應對呢？

由於過去與老公在律師事務所工作，再加上近幾年經營自媒體與女性創業平臺，聽到、看到的案例多不勝數。當你沒有提前做好準備，那麼在你人生路途上等著你的意外，就有可能帶給你極大的創傷。

譬如突然生大病、遇到天災人禍、經歷世事變化……，雖說有因才有果，但有時候因果間的關係及變化的速度，我們卻不見得能夠掌握。特別是這幾年疫情帶來的衝擊，相信讓很多人的人生起了波濤大浪，也重新反思自己現在的生活模式，能度過未來無法預見的世態趨勢嗎？

我有位朋友在前一陣子長輩過世後，突然間變成繼承人，看似天上掉下了財產，但因為長輩的子孫眾多，同順位的繼承人有數十人，各房之間多年來已經親情疏離，結果為了繼承財產的分割，許多久未見面的親人突然跳出來，為了爭產糾紛不斷，還鬧上了法庭。

最近還聽說一位父親生前的友人，因為年輕時的荒唐，在大房、二房、三房之間來回享齊人之福，老來生病需要人奉養卻各房孩子互相推托，只問父親財產放在哪裡，擔心哪一天他離世，自己會少分到財產。

還有一個單身的長輩，年輕時意氣風發、揮金如土，晚來只剩年輕時買的一間房子等著遙遙無期的都更，身上半點現金都沒有，只能靠親友救濟。

人生有太多的難，有的是生來即有的苦難，有的是自己招來的災難。但無論是哪一種，我們都應該盡餘生之力，來確保自己與所愛的人可以過更有保障、更美好的生活。

如果打開人生的地圖，你能看清楚自己的過去與未來嗎？當地圖展開在你的面前，你知道自己曾經走了哪些路？拿了哪些道具寶物？未來是否有足夠的資源繼續走完未來的道路，並且一邊讓你對付一路上的妖魔鬼怪？

這本書，也可以說是一本教你如何打怪的工具書，事先預料你可能發生的意外，提醒你好好的規劃，讓你逢凶化吉。

它要告訴你，如何審視你現在所在的人生地圖上的位置，還有如何善用及分配你所擁有的資源，拿來支應你未來剩下的日子所需要的資產及協助，甚至資源足夠的話，你還可以把它用來照顧所愛的人。

會撰寫這本書，除了因為處理自己父親後事時，看到了人生大事的種種現象，也因為這幾年觀察到同為中年的我輩族群，內心同樣的不安、焦慮與恐懼，擔心自己賺得不夠養老，憂慮自己還能賺多久的錢，恐慌自己面對未來的競爭是否能夠存活，甚至還希望我們所愛的人也能過得好好的，所以這幾年我特地鑽研資產規劃、養老規劃、傳承規劃等領域，也和一些相關領域的專業人士如律師、會計師、信託業者、保險業者等等交流，希望藉由案例的研究與解析，幫助大家在人生大事的規劃上，不再逃避或迷茫，甚至不慎做下錯誤的決定。

這本書由我及可道律師事務所的鍾依庭律師、彭志煊律師共同撰寫，各篇章前半部的案例來自我這些年所遇見的人與事，後半部的生活法律則由兩位律師來做專業的說明與建議，希望透過動人的故事及淺顯易懂的法律觀點解析，讓更多人能關注到人生規劃、財產規劃上可能出現的焦點與議題。我們發揮各自所長，與大眾分享，希望讀者們可以及早開始思考怎麼規劃餘生的藍圖，讓自己跟想照顧的人可以照著計劃過得又好又精彩。

在這本書中，我們要討論的主題有：怎麼幫自己的養老做好準備？怎麼傳承給後人最有利？怎麼預防風險？怎麼善用法律與金融工具借力使力？其中繼承、遺囑、保險、信託等等，是我們可以特別放在規劃上的關鍵字。

接下來，就讓我們一起靜下心，好好照著這本書的引導，思考並計劃自己接下來的人生要怎麼好好過吧！

PART
1

預先分配，及早決定

到了生命的「中點」，
我們都有責任做好養老與傳承。
無論是財產或個人自主的權利，
都可以透過法律的規劃，
為自己做好準備。

第1課

他留給我們的，剩下回憶……
——借名登記

「他曾經對我說過，這輩子我嫁給他可以不愁吃穿，絕對讓我有錢可以花用。」阿霞嬸在說這句話時，那張已經被歲月雕刻了八十幾年、滿布紋路的臉孔，洋溢著如同剛戀愛的花樣少女般可愛又單純的笑容。

我沒記錯的話，阿霞嬸還年長李伯伯兩歲，今年應該有八十三歲了。小時候常看李伯伯帶著阿霞嬸來家裡，那時候爸爸交遊廣闊，也愛照顧朋友，所以家裡常有不是來求助就是來道謝的客人。

但李伯伯是少數我不曾聽過他開口請爸爸幫忙的一位長輩。他是個凡事喜歡靠自己的硬漢子，對家人孩子也非常照顧。而李伯伯的太太阿霞嬸是個傳統的持家好女人，就像我母親一樣，一輩子跟著丈夫，無怨無悔，視丈夫如天，每次看李伯伯不管說什麼，阿霞嬸總是笑盈盈的。

「我這老婆真的很愛笑，我說什麼她都笑，不過我也是最愛她這點。」李伯伯曾經這麼形容過阿霞嬸。

我也曾經想過，像這樣無煩無憂、一愛就是一輩子、凡事老公扛的生活，究竟是不是女人真正想要的？

印象中，阿霞嬸和李伯伯是在花蓮認識的。李伯伯是花蓮人，阿霞嬸則是因為工作到花蓮暫居。兩人一認識就情投意合，結婚之後便決定一起到當時較繁華的海港城市基隆打拚，夫妻胼手胝足了幾年，總算拚出人生的第一棟房子，孩子也平安健康長大。我爸爸是在年輕時到基隆找工作機會而認識他們夫妻的。

我觀察到那個年代的人好像多數是這樣，夫妻兩人只想著怎麼買個房子安居定所，把孩子扶養長大，願望很簡單。「你們現在女生要得好多，老公賺錢拿回家還不夠，還要體貼、懂得你們在想什麼、幫忙做家事，還說房子一定要登記在你們名下。我們以前只要老公有付家用，不在外面亂來，就是一百分的好老公了。」

我知道阿霞嬸其實嘴裡叨念的是她的媳婦，據說當時剛嫁進門時，讓阿霞嬸開了眼界，原來太太還可以這樣當……

其實我很難得和阿霞嬸交談，以前李伯伯帶她來家裡幾乎都是李伯伯在說話，很少聽到阿霞嬸的聲音。爸爸走的時候，長輩們知道他不喜歡高調，所以沒怎麼通知爸爸的朋友圈，所以這次見到阿霞嬸，距離上次幾年我已不復記憶，沒想到李伯伯前一陣子也離開了人世。而阿霞嬸會再來找我們，是為了李伯伯的後事。

「我有聽我先生說過，你先生是個律師。我生活圈小，也不認識什麼人，才想到來問問你們。」個性純樸的阿霞嬸有些不好意思的說。

原來是李伯伯生前有個大姐，就是阿霞嬸的大姑，一家八口生活，經濟環境不太好。李伯伯的姐夫總是遊手好閒、工作有一搭沒一搭的，出門在外總是把自己打理得很體面，在家卻只會理所當然的對家人呼來喚去，鮮少為家庭付出心力；身為妻子的李大姐只能默默的三不五時就來尋求李伯伯的幫助。

李伯伯家裡也不算特別寬裕，但畢竟是從小照顧他長大的大姐，所以無論是金援或物資，總會盡自己所能幫忙，但長久以往真像個無底洞。李大姐的孩子還小時覺得花費不算多，但越大就越驚人。因為李伯伯自己也有四個孩子要養，他就跟阿霞嬸提到，想找個可以釜底抽薪幫到自己大姐的方法。

阿霞嬸說：「我其實那時候雖然心中有些嘀咕，一家人一口灶，我們自己也不是多好過，但轉念一想，錢夠用就好，手足親情比較重要，而且他說要幫，我好像也沒什麼反對的餘地。」李伯伯當然也明白這樣持續救濟大姐不是辦法。阿霞嬸說她記得李伯伯當時有說，要把在花蓮那塊原本父母離世留給他的地，暫時借給李大姐打理，讓姐姐有個經濟來源，就不用老是當伸手牌。

「不過我真的不知道他當時是怎麼處理的，我們那個年代的女人，很少在過問丈夫的決定，怕有時候多問，他就不開心了。」阿霞嬸回憶著。

總之，在那之後李伯也沒多交代什麼，幾十年就過去了。阿霞嬸只知道李大姐似乎沒再跟李伯伯開口拿錢，而後來李伯伯的大姐和姐夫都相繼過世，阿霞嬸也沒過問李伯伯後來那塊花蓮土地的使用狀況，心想反正土地也不會長腳跑掉。

前幾年李伯伯因癌症臥病在床，最後不敵病魔，去年離開了人世，臨終前特別交代阿霞嬸，花蓮那塊地可以去要回來，讓子女們當作祖傳的資產。

但就在阿霞嬸和孩子們要辦理除戶登記與繼承登記時，才發現花蓮那塊地老早就不在李伯伯的名下了！

阿霞嬸特別去詢問李大姐的幾個孩子，他們口徑一致的說當初父母在世沒特別交代過，總之他們就是在父母過世後照法律規定做登記和繼承。任憑阿霞嬸怎麼跟他們說李伯伯當年不是給而是借，他們也是漠然。這幾個素無往來的外甥子女們，各自有家，而花蓮那塊地因為靠近市區，價值已經不同以往，所以沒有人願意歸還。

陪著丈夫打拚一輩子的阿霞嬸，原本心想夫妻兩人唯一的這棟房子可以留來讓自己養老，而花蓮祖傳那塊地可以如李伯的遺言那樣代代相傳，當作子女對父親的一個紀念，完全沒想到如今親愛的家人都無從追討回來。

「如果當時真的沒有留下一些白紙黑字，就只做口頭的約定，現在就很難證明李伯伯當時是借用，而不是贈與。」律師的意見讓阿霞嬸斷了最後一絲希望。

「算了，起碼他一直愛家顧家，這些對孩子來說，已經是最珍貴的禮物了。」阿霞嬸決定放下，和孩子們一起留住父親給他們的美好回憶繼續過日子，畢竟自己也剩沒多少年的人生了。

其實，我自己身邊看過不少例子，有些亡者的資產都只有口頭交代和承諾，像是借出去的錢、幫過的忙等等，總是交代子女可以去取回，大部分都空手而回，畢竟人不在了，情份也容易淡薄。

很多口頭承諾雖然有效，但上了法庭證據還是最重要。如果現在還沒做的，趕緊補個文件，或是找個證人錄音記錄，以免哪天出個意外，自己辛苦賺的錢，子女們費盡心思都不見得討得回來，就徒呼負負了。

此外，生前不方便明白交代的，也請找位律師立好遺囑、指定遺囑執行人，才不會發生人在天堂、子女在公堂的憾事。

以自己在律師事務所長年從事法律諮詢的經驗來看，我發現其實社會上許多人像阿霞嬸一般，對相伴大把歲月的枕邊人名下有哪些財產、財產如何處置或處置的狀況通常不很清楚，往往要等天人永隔後，到國稅局以繼承人的身分查調伴侶的遺產清單，才終於得以一窺伴侶財產真相。

然而此刻得知的真相往往殘酷，原來自己一輩子跟著伴侶胼手胝足打拚生活，孰料人走了才赫然發現，原本以為的傳家財產早已落入他人口袋！多年來累積的心血，也跟著老伴「入土」了。

認識借名登記

如果時光倒流，李伯伯當初在把土地過戶給長姐時，有沒有可以對長姐一家生活給予援助、又能確保財產傳承給下一代的兩全其美方法呢？答案是有的，就是簽立「借名登記」契約。

什麼是「借名登記」？簡而言之，就是將自己的財產借用他人名字來登記，因此，他人只是出借名字做為財產的登記名義人（稱為「出名人」），但實際上自己才是所有權人（稱為「借名人」），仍然保有對財產使用、收益、處分的權利，例如自用、出租、出售等。

財產的實際所有權人與登記名義人兩者相同，是一般較為常見、普及的情況。相形之下，所有權人和登記名義人不同的借名登記，就會是一個少見、非常態的特例。尤其是財產為不動產時，由於不動產的所有權歸屬特別側重與信賴地政機關所登記的事項，除了借名登記的雙方以外，第三人實在很難知道不動產有借名登記的約定。

最常遇到的情況是，不動產的出名人惡意背棄了當時借名登記的約定，或是等到出名人辭世後，他的繼承人不知道有借名登記的約定，因此把不動產出售給善意的第三人。等到事過境遷、借名人意會過來時，才發現要主張「物歸原主」是如此的艱難，特別是在雙方毫無書面約定的情況下，要如何在訴訟程序中證明雙方有借名登記約定的事實，又將是一場硬仗要處理。畢竟走到訴訟過程是一分證據說一分話，在書面契約或人證、物證都匱乏的情況下，實在無法期待法院做出任何有利的認定。

書面記載最重要

在這裡要特別給大家的貼心建議，就是一旦有借名登記或任何特殊約定，務必要以書面的方式來記載。

最完整、有保障的做法是委由律師撰擬契約，以確保文義上沒有模糊不清之處，且內容合於法律，之後雙方再至公證人事務所辦理公證，確認雙方都是在自由意志下簽署文件，沒有任何詐欺、脅迫或意識不清的情況。有公證人公證的文書，真實性較不容易遭受質疑，雙方也可以約定懲罰性違約金及強制執行，如果出名人有違約的情況，就可以要求強制執行出名人名下的財產，以達到嚇阻的效力。但如果要出名人返還借名登記的不動產，仍需透過訴訟辦理，單純公證無法直接要求不動產登記回來。

因此也特別提醒一下，借名登記的風險頗多，登記前務必要三思而行！

除了雙方約定書面的借名登記契約之外，此項重要的約定也務必要讓繼承人清楚知悉。這份書面契約可以備份給繼承人一份，或是在立遺囑時特別囑咐有借名登記的約定，等到辭世時，借名登記的約定就等同終止，就可以名正言順要求出名人將財產返還。畢竟人的生死難防，意外和明天誰先來實在很難知道，如果不讓繼承人知道有借名登記的約定，等同將努力掙來的財產拱手讓人，也無法照顧到家人。

最後再次給讀者兩個小叮嚀：一、任何特殊約定務必要書面訂立；二、財產狀況要讓繼承人早日知悉。這樣才能借名借得安穩、借得放心。

第2課

希望是你照顧我的人生——意定監護

「這幾年的情愛與時光，終究是錯付了！」

那天在手機上看到前幾年沸沸揚揚的宮廷劇有個熱議畫面，又在社群上廣傳。一個嬪妃知道了自己再怎麼付出，終究是皇帝心中眾多的她之一，心碎的為自己被辜負的感情下了結論。

這讓我想到前幾年，姐妹淘小娟跟我聊到她剛結束的一段婚姻，眼裡的絕望與懊悔，就如同這位曾經全心全意投入自己如漩渦般愛戀的嬪妃一樣，盡是所託非人與悔不當初的感嘆。

「我想，我大概永遠不會再這麼義無反顧去愛一個人了。那樣太辛苦、太累了。」當時，小娟是這樣跟我說的。而後來她果真沒再有交往的對象，不過臉書上倒是滿滿的聚會、旅遊、工作業績成果，跟親友感情都很好，而她那些年為了另一半瘋狂、掉淚、情愛纏綿最後痛心決裂的日子，彷彿是上輩子的事。

轉眼就要奔五的她，看起來比實際年紀年輕很多，曾經為了另一半想要的傳宗接代，費盡一切方法求子，搞到身體差點壞掉；在離婚後，她也用盡一切方法讓自己回到最好的狀況。

「我後來想想，這其實是他的損失。他失去了一個愛他的女人，我則是得到了一個可以好好愛自己的人生。」前次她找我吃飯時，跟我說了這句話。當時的她笑得輕盈，看起來沒有任何情緒的負擔，彷彿過去的苦難早已卸下在過去的時光裡，看起來好輕鬆。

剛發現前夫外遇那時，她的世界幾乎崩裂，而現在的她，看起來是那麼有魅力，比我初識她時更動人、更漂亮。

以前的她不論是前夫的事業、家務，甚至連前婆家都照顧得無微不至，她的愛，是那麼毫無保留，甚至完全不留給自己一點點，然而婚後多年無子，這點終究是讓她的奉獻被打上了零分。

當她知道前夫的外遇對象已經懷孕，她沒有吵、沒有鬧，就是每天掉不完的眼淚。她的溫婉始終沒有改變，只留給前夫一句話：「好好照顧她。」之後就是不再相見，各自生活，各自安好。

我身旁不少結束婚姻的姐妹，就屬她愛的時候那麼全心全意，走的時候如此毫無眷戀。

「錯付」，這個我在宮廷劇女主角口中聽到的詞彙，竟是如此恰好的形容了她說長不長、說短不短的十年婚姻。

女人的一生能夠錯付幾次呢？難怪她跟我說：「既然我沒辦法再這樣義無反顧的愛一個人，那還是義無反顧的愛自己吧！」

她身旁不乏追求的人，畢竟她經濟穩定、保養得宜、生活精彩，誰來愛她都沒有負擔。

「但我何必呢？現在日子過得好好的，每天想幹嘛就幹嘛，沒有門禁，沒有負擔，我幹嘛找個人跟他交代，然後又擔著哪天要被他背棄的心。而且想到我跟一個人要重新再交往，認識彼此、適應彼此，再折磨彼此……算了算了！」

今天的她，跟我聊到是不是要再找一個伴侶時，感覺比得到新冠病毒還叫她避之唯恐不及。

「也是，我也覺得我身旁的姐妹淘，就你最快樂、最無憂無慮。」

「當然啊！我又不像你們，身邊有老公隨時準備惹你生氣，讓你受委屈，這種日子我也過過，我完全懂。」

是也沒這麼慘啦！不過婚姻本來就是個試煉場，每天都在考驗你能不能悟出人生的真理、生命的真義。

「不過我也有個煩惱。畢竟我單身，日後還是沒有孩子能照顧，雖然只要養活自己就好，我也有賺錢的能力，只是老了如果需要照護，總是會擔心要是腦袋不清楚，會不會到時的存款都被騙走了，哈哈！」小娟說得輕巧，我知道她平時總愛幫朋友們注意東、張羅西的，自己的事從來也不想讓別人煩惱到，但這次還是隱隱聽出她話裡的一點憂慮。

「我有個想法，不知道我是不是可以指定老了或生病的時候可以幫我處理財產的人？免得到時候財產落在心地不好的親人手上，這樣我辛苦賺的錢就沒辦法花在自己身上了。」小娟問。

「可以喔！剛好這幾年新法修正，有個『意定監護』的制度非常適合你。你可以在清醒的時候指定好自己信任的人擔任未來管理你財產的監護人，這比起舊制度是在失智或不能處理事務時才由法院來指定，應該更符合你的需要，讓你可以無後顧之憂。」

「太好了，有你真好。」

其實我才覺得有小娟真好，認識她之後，從來就只有她照顧我，我也幫不上她什麼忙。像她這樣只懂付出的女生，進入婚姻之後如果遇到不識貨的男人，真的是所謂的「錯付」了。期望這個「意定監護」的方式可以真正幫助到她，讓她對未來能夠感到安心和安定。

鍾律師・這樣說

單身貴族或許令人羨慕，沒有婚姻的羈絆，就不需受配偶、婆家束縛，也沒有嗷嗷待哺的子女要扶養，似乎可以過得灑脫自在。但是年華會褪去、身體會衰老，如果少了家庭成員的支援與協力，等到需要他人側身照護時，該如何是好呢？

單身者的晚年照顧議題

社會上像小娟這樣的單身貴族，人口比例已逐年增長。按照行政院主計處公布民國一〇九年人口普查結果，於適婚年齡（即二十五至四十四歲）的人口中，未婚率竟高達四三・二％，這個數據已經創了歷史新高。單身者的晚年生活應如何照料，已成為一個不容忽視的重要議題。

從法律方面來看，在民法的原有制度中，已經規範了「成年法定監護」的制度，也就是說，如果小娟因為年老退化，或是遭逢疾病、車禍等事故導致精神障礙、心智欠缺，完全不能了解他人所述、也不能清楚表達自己的想法，例如已成為植物人，或因中風而嚴重失能等狀況，此時，小娟的親屬（四親等內或一年內同住者）、檢察官、社福機構等，可以向法院聲請「監護宣告」。

在監護宣告的審理程序當中，法院會先囑託醫療鑑定機構判斷小娟是否符合法定失能的標準，而達到需要被監護宣告的程度。之後，法官會再從小娟的親屬成員中選出一位適合擔任小娟監護人的人，來為小娟從事一切法律行為。法官通常會囑託社工進行實地訪視，並透過社工撰寫的訪視報告來推知小娟的日常生活狀況、跟誰同住、誰比較了解她，或是傳喚相關親屬到法院說明，以選出可以照顧小娟日後生活起居、管理財產的人。

以上制度看似完善，但有一個根本性的缺陷，也就是被監護宣告人（就是小娟本人）的意見，其實很難被納入法官審理時評估。假使小娟在此時此刻已經是一個喪失理解與表達能力、即將被認定無行為能力的人，她無法在法庭上清楚陳述自己的意見，只能「被動的」等待法院的調查結果，選任一個法院認證的親屬擔任監護人。然而，該名親屬與小娟的實際生活互動、感情親疏、有無陳年舊怨、愛恨情仇等等，很難透過片面、單次的法院調查結果顯現。該名親屬究竟是真的為小娟好才願意挺身而出擔任監護人，抑或是葫蘆裡尚有其他盤算，是否打量著小娟背後龐大的財產，才願意扛起這吃力不討好的責任，實在是不得而知，也隱藏了深不可測的道德風險。

為了改善現有成年法定監護制度的缺失，讓受監護宣告人對於日後誰要陪伴、照料自己的餘生能重新取回自主權與話語權，因此，立法者在一〇八年五月二十四日，正式三讀通過「意定監護」制度，讓任何人都可以在自己身心健全的時候，預先決定日後由誰擔任自己的監護人，達到「自己的監護人自己選」的立法意旨。

意定監護制度的特色

意定監護制度相較於法定監護最為特別的地方，就是可以讓「非親屬者」擔任自己的監護權人。之前的法定監護制度以小娟的例子來看，她沒有結婚，倘若沒有手足，或兄弟姐妹都已成家，父母又年邁，小娟平常都是與閨密小美一起生活，彼此照料。如果是依之前法定監護的情況，由於法律限定只有配偶、四親等內、最近一年有同居事實的親屬，才能擔任小娟的監護人，因此即便小娟和小美情同手足，甚至超越家人，但很遺憾的，法院仍然只能從小娟的親屬中為小娟選任監護人。

反之，在意定監護的情況下，小娟只要取得小美的同意，就可以按照所需及其意願，直接選任小美擔任自己未來的監護人。一方面跨越了法定監護的限制，另一方面也讓自己的未來「心有所屬」，不需由毫不相識、素未謀面的法官來為自己最後的人生做艱難的決定。

此外，監護人的權限範圍可以在意定監護中清楚約定，小娟希望未來小美如何使用、管理自己的重大財產，例如房子、儲蓄存款等，都可以按照個人需求做好約定，運作上更為彈性、富有人性，充分尊重本人與監護人之間的意願。

了解了意定監護的制度後，您是否也躍躍欲試，開始盤點自己的監護權人選了呢？

意定監護的辦理程序非常簡單，不需要經過法院冗長的審理程序，只要本人與監護人簽立意定監護契約，並至公證人處進行公證，當公證人作成公證書後，於七日內通知本人住所地法院，意定監護契約就會正式發生效力了。

關於意定監護契約的範本，法務部網站都可以搜尋到並下載使用，但如果涉及到監護事務的具體規範時，包含重大財產的定義、具體授權的範圍等等，建議還是與律師討論看看文字如何撰擬，才能避免後續的爭端。

人生的晚年，沒有華麗的喜宴，沒有歌舞的喧騰，或許連歲月靜好都是苛求，剩下的只是一條荊棘遍布的路程。能夠尋尋覓覓，找到一個可以託付自己最終生命、也願意承接自己所有脆弱不堪的人，是個很不容易的決定。意定監護契約不只是法律冰冷的文字，更是一份乘載了濃厚摯愛與信任的承諾。

願我們都能找到合適自己的監護人（或是成為他人的合適監護人），讓老有所終不再是妄想與期待的標語，而是真切體現在生命的最後一刻。

第3課

把分離的遺憾，變成圓滿

——病人自主權利與預立醫療決定

在你生命中，曾經簽下印象最深刻的一次名字是什麼時候呢？結婚證書？第一次買房子？

我想，或許有人跟我一樣是「不施行心肺復甦術同意書」吧！

在父親臨終的時候，是由我簽下那張令人難以壓抑情緒的同意書，在先與醫師討論過後，我徵詢了哥哥弟弟的意見，簽下那張紙，也象徵著我用更深的愛，告別了父親。

這也是為什麼當雅芳來找我，我在跟她分享想法的時候仍然無法自已的掉下了眼淚。

雅芳是我一位遠房長輩的長女。或許是因為雅芳的母親過世得早，所以從小就把照顧妹妹當作自己的責任。長姐如母，是一種既崇高又難熬的成長過程。

以前也聽其他親戚說過，雅芳的個性很早熟，對於母親過世後，父親又另組家庭生了孩子，不曾有過吃味或較勁的心情，她懂事的與妹妹和爺爺奶奶住在一起，也會主動與父親保持聯繫。

半輩子都有父親罩著長大的我，其實非常佩服雅芳。從小因為父親的疼愛，我承認自己多少有點大小姐驕縱的脾氣，而這脾氣在出社會的幾年裡，的確讓我吃了不少苦頭。所以當我看著雅芳來找我諮詢意見時那種成熟、世故與堅毅的樣子，還是忍不住自責沒能在父親生前當個更乖巧、更體貼的女兒。

「我們姐妹和阿姨的三個小孩（雅芳父親和繼母生的孩子）並不是很親，只有逢年過節才會聚在一起吃飯。阿姨對我很有心結，畢竟她跟爸爸有三個小孩，她很介意父親總是對我特別疼愛，所以常常有事沒事找我麻煩。其實她照顧三個孩子長大也很辛苦，所以我還是很尊敬她，也謝謝她幫爸爸生了三個弟弟妹妹，讓他們在媽媽走後可以陪爸爸這麼多年。」

那次雅芳跟我聊到家裡的狀況，那種歷經世事的淡然與寬容，真的讓我很敬佩。世上總有些人，總是會多為別人想一點，或許因為雅芳的工作是醫院的護理長，看過太多人情冷暖，很多事情對她來說能放下就放下，比起那些更困苦的人，我們應該更珍惜自己所擁有的。

雅芳曾說，醫院裡常看到家中有人重病住院，通常需要花費每個月高達七萬元的看護費，這並不是每個家庭都負擔得起的。在經濟吃緊的狀態下，很多家庭是全家輪班到醫院照顧病人，家裡如果人丁單薄，可以想見會有多麼心力交瘁，甚至有人舉債醫病。而她自己和妹妹的收入都算穩定，父親和繼母生的孩子也有穩定的工作，不至於遇到像醫院那些困苦的病人與家屬所面臨的窘境，真的覺得自己算是幸運。

「有一次，有位高齡八十九歲的老奶奶，在家中不慎跌倒受傷，之後再也沒能起身，就一直躺在醫院直到離開人世。那個老奶奶有兩個孩子，平常白天由兒子照顧，聽說他都一早送孩子們上課，然後趕緊到醫院和他妹妹換手。老奶奶的女兒單身，沒有家累，所以自願晚上留在醫院陪伴媽媽。那個兒子因為是自行接案，所以時間比較能調配，他們家媳婦偶爾會來輪班，但因孩子還小實在無法抽身。每次我值班時，常常看到老奶奶的家人都是急急忙忙的來，匆匆的離開，經歷了好長一段沒有休假在醫院照顧母親的時光。後來老奶奶的女兒向她哥哥提議，想趁母親意識還清楚時讓母親簽立預立醫療決定書，卻被深愛母親的哥哥拒絕，不准她再提！沒多久老奶奶真的突然昏迷，接踵而來的治療讓他們兄妹在悲痛中下了決定，簽立不施行心肺復甦術同意書。我還記得那個哥哥簽完名就躲在家屬休息室大哭了好久，一直說著：『媽媽你要原諒我。』」

也因為這件事，讓雅芳覺得一定要在父親在世前主動跟他討論預立醫療決定的事情，否則當父親有一天臨終，她還得跟繼母及父親其他三個孩子吵同意書的事，肯定會讓父親再受不少折磨。

我能體會她要向深愛的父親提起這種事的為難，但相信她應該看過一些沒有預立醫療決定的病人家屬在病榻旁的爭吵與掙扎，讓病人徒受更多折磨，她一定知道怎麼做才是真正為父親好。

「你做的一切都是因為愛他，別擔心，他會懂的。」當時我為她做一些心理建設，也以自己過來人的心情，跟她聊了不少我當時為了父親在家人間溝通這件事的心得。

後來，聽說經過雅芳耐心的解說，她父親完全沒有任何不愉快，他也不希望未來讓五個孩子及家人煩心。他說：「如果有一天，我在病床上無法自主決定時，可以少一點痛苦，又可以減輕你們的負擔與為難，這不是一件很好的事嗎？」那豁達的態度讓雅芳放寬了心，迅速為父親完成程序。

不過也聽說，雅芳的繼母知道後對她非常不諒解，雅芳的父親在簽名時她還特意避開，也數次打電話給雅芳，指責她別所居心。但雅芳仍以堅定的溫柔陪伴父親對自己做出醫療自主的決定。

我想她的父親會同意簽署預立醫療決定書，也是期盼自己的家人到時不會因為照護分配或重大決定而破壞手足之情。甚至聽說她父親還特別選擇不接受維持生命治療及拒絕人工營養及流體餵養，以免明明已經走到生命的盡頭，還用難熬而痛苦的方式維持最後一點氣息。

雖然親戚間都流傳著，雅芳和繼母之間為此更是關係降到了冰點，但我能理解雅芳堅持的背後內心的委屈，也相信她這麼做都是為了全家人好，真難為她願意當開口的那個人。這當然是因為她在醫院看過太多照護病患的家屬，撐到最後的疲累、怪罪與壓力，人性的一面最終一一顯露。她深知道這並非靠意志力就能度過的，與其如此，倒不如在發生前就好好先規劃。

前不久，雅芳父親的那一天也真的到來，尚稱健康的身體最後還是不敵九十二歲高齡的衰老而去，但也因為她父親還清醒時有完成醫療決定這段路，讓雅芳的家人們都尊重父親的意願，很有默契的提早著手進行後事的處理。

雅芳與父親把親人永隔的遺憾，變成了另一個圓滿，也讓父親留給所有孩子們最後美好的祝福。

其實，我身邊也不乏這些面對親人離世前痛苦抉擇的例子，甚至有位朋友力排眾議為父親簽下不施行心肺復甦術同意書，在父親過世後一直受到其他手足的責難；也有例子是家人一時來不及簽下，讓病人依醫療程序受了許多無謂的醫療折磨後還是離世。

因此，希望這些知識可以讓更多的人知道，以避免許多不堪的生前凌遲發生在更多人身上。

老有所終，歿有所安，每個人都期許在生命最終曲能有個完美的落幕。但是如何善終，有時並非自己能夠完全做主，畢竟生命稍縱即逝，誰也無法預知下一刻會如何。如果已經喪失了自主決定的行為能力，那麼生命最終的醫療決定權，勢必得交由親屬代為履行。

然而，在普遍的人倫社會觀念中，要讓親屬為家人簽署拒絕醫療照護或急救的相關文件，往往會讓親屬背負者「大逆不道」、「弑親」等罪名。但是，若不果斷的在適當的時間做適當的處置，病榻上的家人與負責照護之親屬日後所需付出的醫療資源與照護勞力，將如無底洞一般永無止盡。

更加尊重病人的自主權

前述雅芳的故事，以及在醫院病房所見到的光景，在社會上屢見不鮮。近年來，病人自主的權利與意識已逐漸升高，繼立法院於民國一〇〇年通過與施行《安寧緩和醫療條例》後，又再於一〇四年十二月通過、一〇八年一月施行《病人自主權利法》，成為第一部以病人為主體的醫療法案，也是亞洲第一部保障病人自主權利的專法。

《病人自主權利法》與《安寧緩和醫療條例》同樣都是藉由事先預立醫療同意書的方式，達到善終的目的，但有鑑於安寧緩和醫療的適用範圍，僅限於「末期病人」，許多非末期但長年受嚴重疾病所苦的患者，卻無法受惠。因此，《病人自主權利法》將適用的對象從末期病人，擴大到不可逆轉昏迷、永久植物人狀態、極重度失智及經中央主管機關公告之重症等，讓在人生終途同樣受病痛所苦者，能有多一些選擇。

此外，二者可以拒絕的醫療行為也略有不同。在《安寧緩和醫療條例》，病患只能拒絕延長瀕死過程的「無效維生醫療」；但是在《病人自主權利法》中，則擴大為「所有可能延長生命的維持生命治療」，除了心肺復甦術外，還包含機械式維生系統、血液製品、重度感染時給予的抗生素等等，以及人工營養和流體餵養，包含鼻胃管、胃造瘻、靜脈注射等，讓病患可以有更多自主決定的空間與自由。

由於適用範圍與醫療行為擴張許多，因此不同於《安寧緩和醫療條例》

的簽署DNR（Do Not Resuscitate）程序，只需自行簽署與兩名見證人在場即可，甚至可以由家屬代為簽署。《病人自主權利法》特別強調，在「預立醫療決定」過程中，病患才是醫療過程中的主體，所有的醫療資訊應該優先告知病患，家屬只有參與討論的權限，也能避免家屬基於善意而隱匿病情，導致病患淪為醫療行為中的客體。

預立醫療決定的程序

最特別的是，在預立醫療決定前，病患需要完成「預立醫療照護諮商」流程，與醫療團隊，包含醫師、護理人員、心理師或社工師進行諮商，了解自己有哪些知情、選擇與決定權，以及如何擇定最適切且符合所需的醫療措施。

此外，諮商過程至少需要一名二親等以內之親屬陪同參與，畢竟善終不是一個人的事情，自己揮揮衣袖後，家屬除了悲傷之餘，還要處理諸多繁複程序。因此讓家人清楚了解詳情，一方面可以避免家人因全然不知，而在事發時過度詫異、無法接受，甚至與醫療機關發生衝突。另一方面，可藉此給自己與家人一個好好討論「人生大事」的機會，了解一切的決定都是以愛為出發點，即便人生的「畢業典禮」不能風風光光，但也期許能溫柔堅定的以自己理想的節奏與步伐，完成一曲驪歌。

在完成諮商程序後，醫療機構會給予核章，方能簽署預立醫療決定書。簽署的過程須有公證人在場，或是兩名成年、有完全行為能力者在場見證，以確認本人的意識相當自由且清楚，最後由醫療機構將預立醫療決定書掃描上傳至衛福部資訊系統，並註記於健保卡，就算真正的完成整套流程了。

雖然臺灣的法治已經向前邁進了一大步，但在現今社會中，親屬間往往還是很忌諱談到遺囑、財產、死亡等議題，認為此乃大不孝、大不敬，甚至有覬覦遺產等意圖。這些觀念上的衝突與對立，就是雅芳與其後母間爭執的所在點，但像雅芳這樣陪伴在父親身旁解說、討論死亡與照護的議題，其實也需要很大的勇氣。

愛的形式有很多種，讓最愛的人能夠自己選擇和世界說再見的方式，且溫暖陪伴他完成所有預立醫療決定，讓生命能自主的畫下完美句點。這樣的親情，我想才是血濃於水、真切情意的展現吧。

第4課

拾起點滴記憶碎片，好好記載收藏
——失智症與財產管理

那天，有位長輩來家裡，跟我聊到他一個朋友的事情。

「雖然是自己的朋友，但是他後來晚景會這樣淒涼，真的是自己造成的。我除了安慰他，也沒辦法幫太多忙。佛家說的那句：『萬般帶不走，唯有業隨身。』實在很有道理。」

長輩說的那位朋友陳大哥，我小時候也見過幾次，長輩之前也提過幾次他的狀況，的確令人不勝唏噓。

陳大哥年輕的時候非常荒唐，事業有成，卻四處捻花惹草，明明有個勤儉持家的好太太和兩個可愛的兒子，但在幾十年前那個男尊女卑的年代，他總認為男人賺錢養家就是盡了責任，在外面風花雪月很正常。結果他的第一任太太受不了他的風流，忍痛結束了婚姻。

離婚之後，陳大哥就順理成章扶正了當時與他打得火熱的第三者，老夫嫩妻過了好幾年的逍遙日子。誰知道陳大哥習性不改，過了幾年新鮮感沒了，又開始他的「採花」生活，常常不回家，到底跟誰在一起，扶正的嫩妻也無法過問，真正體會到被離棄的正宮經歷過的痛苦。

「作為朋友真的是很尷尬，從他第一任前妻開始，到第二任太太（其實後來也是前妻了），總是在替換女朋友，每個人找不到他就打電話來問我。我有時候知道他在哪裡鬼混，但總不方便說，怕介入人家的家庭糾紛。想想雖然是自己的朋友，但他真的玩得太過分了。」

沒錯，這樣的丈夫誰受得了。陳大哥的第二任太太當時雖然也算年輕漂亮，但不被陳大哥疼愛珍惜的日子也過不了太久，後來也列入了陳大哥的前妻名人堂。

陳大哥的兩任前妻在與他離婚後便與他各分東西，兩任前妻生的孩子都歸女方照顧。不過，聽說陳大哥對兩位前妻的孩子們的扶養費倒是持續有在支付，這本來就是他一直以來的觀念：有付錢就好，我的事你們不要多管。

一直到陳大哥的幾個孩子長大成人，出社會後，陳大哥才停止扶養費的給付，把錢留在身上給自己養老，當然也用來支付他總是沒間斷過的女友生活費用。

「你還記得我那個朋友陳大哥嗎？」長輩上次來我家時，又跟我提到那位風流「財」子的消息。

補充說明一下，因為陳大哥以前在外都是揮霍成性，典型的散財老大，所以身旁的人不論年紀大小都稱呼他為「陳大哥」。

「我記得啊！他又交了新的女朋友嗎？哈！」

「他過世了。」

原來陳大哥的家族有失智症遺傳史，他在五十多歲後開始出現輕微失智症狀。初期還好，基本生活起居還算正常，所以平時仍經營事業，並且和「不同的」女友同住，可是後來症狀開始嚴重，他的「當任」女友就吵著要分手，還說如果需要她留下來照顧，就要給付相當於專職看護的薪水。

雖然陳大哥和前妻生的幾個孩子有空也會聯繫，但在孩子記憶中，父親總是一個女友換過一個，看在孩子眼裡，對父親的尊重早已蕩然無存，再加上幼時父親就已離家，沒有太多跟父親相處的回憶，於是聽到父親需要照顧，全都找藉口推托，只想打聽父親的財產放在哪裡。

「聽說他一開始症狀不嚴重，只是會突然忘了身旁人的名字和說過的話，但後來漸漸會遺漏工作上的待辦事項，所以就把事業交給以前得力的幫手，決定退休了。」

長輩還提到，其實陳大哥第一任前妻本來就很清楚他們家族遺傳這件事，在陳大哥還沒有完全失智前，曾經規勸陳大哥要儘早規劃好財產及繼承的問題，也算是為自己的兩個孩子著想。但當時自覺狀態還好的陳大哥，一方面不想面對問題，二方面覺得前妻本來就是愛操煩的個性，所以完全不放在心上。

退休後的陳大哥，生活步調比之前慢，或許因為沒在上班，減少了與人的接觸，所以失智的症狀越來越嚴重，常有意外發生，讓他不喜歡出門，個性也變得古怪易怒，同一件事會反覆詢問多次，記憶開始有混亂的情況發生。

他的孩子們知道了父親的狀況想要帶父親去檢查身體，沒想到多次被父親的同居女友拒絕。而且說也奇怪，每次陳大哥的孩子們想探視父親的時候，和父親同居的阿姨總說父親在休息怕吵，要他們不要打擾，或者是會說他們安排要出門遊玩幾天，要孩子們過幾天再來。

直到陳大哥過世，他的孩子們到國稅局處理父親的繼承及遺產稅事宜，才發現父親的財產早在前幾年就以贈與的名義過戶給同居女友。他們既錯愕又憤怒，直接去質問父親的女友。

最後兩個前妻也跳出來為孩子抱不平，因為大家都無法理解陳大哥是在什麼考量下做了決定，還是根本是在他毫無認知能力的狀況下被錯誤引導？

長輩敘述完陳大哥的故事後，對我說：「剛好你老公是律師，我也想幫那幾位前嫂子的孩子問問，有機會幫他們爭取到應有的權利嗎？不過我對孩子們說的多少也有點疑惑，到底他們父親的認知能力如何？會不會真的就是要把財產全部留給那個女人，但礙於身後會有特留分的問題，所以在生前都先處理掉了？」長輩雖然覺得朋友的結局有點咎由自取，但基於過往的交情，還是想要幫他及他的家人找到真相。

「這件事最大的困難點在於，陳大哥的孩子多數時候不在父親身邊，蒐集到的證據不多，很難知道當時他們父親處理贈與事宜時的精神認知狀態，如果有足夠的證據能證明父親贈與的當下沒有判斷能力，那才有機會。」

之後，律師開始協助陳大哥的孩子們蒐集陳大哥生前各種行為的蛛絲馬跡，以及尋找陳大哥那段時間接觸過的人事物。

其實這件事如果在陳大哥生前有失智狀況時，他的孩子就先向法院聲請監護宣告，讓父親的財產由指定的監護人來管理，就不至於有今天這樣的狀況。

在此也提醒身邊有老年人的家屬，可以善用這樣的法律工具來保障身旁親人的權利，以免被有心人趁機奪產。

依照臺灣失智症協會統計，六十五歲以上老人中，約每十二人即有一位失智者，八十歲以上的老人則約每五人即有一位。失智人口比例居高不下，衍生的道德、法律問題，更是層出不窮。

最常見的案件，就是類似陳大哥這樣的例子。在陳大哥或家中長輩罹患失智症或中風的期間，名下大筆積蓄或不動產遭同居人、親友、子女趁隙以利誘、瞞騙，甚至以侵占、偽造文書的方式偷偷乾坤大挪移。等到長輩辭世，其他繼承人於國稅局查調遺產清冊時才赫然發現，原本龐大的遺產所剩無幾，屆時要訴訟爭取權益，又將是一場腥風血雨的戰爭。

凡事講求證據

以陳大哥的案例來看，如果陳大哥當時罹患失智症已嚴重到連「贈與」是什麼、贈與的效果如何都無法理解，甚至基本的識別、判斷事理的能力都幾乎喪失，此刻做出的法律行為就很有可能被認定無效。因此，陳大哥的繼承人，也就是子女們，就可以對陳大哥的同居女友提出「確認贈與關係不存在」或「塗銷所有權移轉登記」的訴訟，把贈與行為涉及的財產，重新納入遺產範圍做分配。

然而，一旦進入了訴訟程序，凡事都要講求證據，法官在意的是如何證明陳大哥在做出贈與行為的「當下」沒有行為能力。一般常見的舉證方式，是提出經醫療院所判定罹患失智症的證明、臨床心理衡鑑報告與病歷紀錄，也可以傳喚同住家人做證，或調閱陳大哥親自書寫的簽名、文件等，來推論當時的意識狀態。

但以陳大哥的案例來看，由於陳大哥的子女平常沒有與他同住，同居女友為了避免顯露陳大哥失智、無行為能力的馬腳，也不會帶陳大哥去做任何失智症治療，因此子女要提出陳大哥無行為能力的證據資料，難度著實又更加倍了。

儘早發現問題，儘早因應

家中長輩的身心狀況瞬息萬變，平時應該給予長輩更多的關心與照護，一旦發現長輩開始出現對近期記憶的遺忘、重複問同樣問題、時空錯亂、情緒起伏變大等症狀時，就應該儘早就診，以釐清是否罹患失智症，以及罹患的程度如何，才能儘早對長輩的財產做嚴謹的把關。

此外，如果家中長輩已經有失智症狀，除了醫療上需儘早處置，法律為了保障長輩的財產安全，避免遭受詐騙或是移轉財產，也建議可用以下幾點來為長輩的財產把關。

一、聲請監護宣告或輔助宣告：

如果長輩的失智症程度，經由醫療院所鑑定已達重度失智等無行為能力狀態，或是即便有行為能力，但判斷能力顯著下降時，建議家屬可以到法院聲請「監護宣告」或「輔助宣告」，由法院認定的監護人，或是長輩先前選任的意定監護人，來代為妥善管理長輩名下財產。

然而，財產的管理行為，也並非毫無上限，必須基於長輩的利益才可以動用，例如為長輩添購生活必需品、修繕家中環境等。如果涉及重大的財產處分或是投機性的處置，包含出售名下不動產、投資高風險的理財工具等，這樣的法律行為就可能被認定無效，以避免監護人為了自身利益而假借監護之名，行侵權之實。

二、於金融聯合徵信中心辦理金融註記：

羅患失智症者屢有因辨識能力或注意力下降，而不甚將身分證件、印章、存摺、提款卡等交付不肖分子拍照、複印甚至冒用、盜用之情事。損害較輕微的，可能長輩會無端在銀行開戶、辦理信用卡，或遭他人冒用名義申辦貸款、盜刷信用卡，讓長輩負債增加。嚴重的話，甚至可能遭詐騙集團誘騙而提供帳簿、信用卡與密碼，或成為詐騙贓款的使用帳戶。等到被害人報案，追查到長輩帳戶資料，不僅會讓帳戶被列為警示帳戶，甚至可能涉及詐欺、洗錢等罪名，無端衍生牢獄之災。

為了避免前述情況發生，可以協助長輩到金融聯合徵信中心辦理金融註記，日後金融機構經辦到長輩的貸款、申辦信用卡等業務，就會更詳細的確認長輩本人的身分資料，甚至拒絕辦理相關業務，以達到阻絕風險的目的。

三、於地政機關辦理不動產預告登記：

失智症長輩屢有遭有心人士利用不慎將名下不動產辦理抵押、借貸等情況，甚至遭親友將不動產贈與或低價出售。為了避免上述情況發生，建議與長輩共同至地政事務所辦理不動產「預告登記」，由家屬擔任預告登記之設定人，在預告登記塗銷前，長輩無法對不動產做任何所有權移轉的登記或處分，可以有效避免不動產被過戶的情況發生。

四、將長輩財產辦理信託：

如長輩名下尚有其他財產、金融商品、退休金等，因為畢竟是動產，長輩要自行處分相對容易，且難以透過上述所列的註記等方式建立安全網阻絕有心人士冒用。如果遭不肖理財專員詐騙，可能導致多年積蓄化為烏有。因此，可以將財產交付給專業的信託業者管理，讓長輩每個月只有固定款項，例如所需生活費等金額可動用，也可以委託信託業者將存款投資於穩健的金融商品，避免財產被不當的利用處分，為其晚年的生活費妥善把關。

人的智慧，雖然會隨著知識與經驗的累積，而成為「智者」，但隨著年紀漸長，不斷退化的腦部神經元及認知功能障礙，卻也讓「智者」成為「失智者」。在長輩的記憶與智識退化之前，身為家人能做的，就是時常為長輩的身心狀況與財產保全把關，拾起點滴記憶碎片，用愛的備忘錄好好記載收藏。

第5課

真正能牽手一生的伴侶——同性伴侶晚年保障

文文是我念書時的同學，還記得那時我們念女校，她總是特別受歡迎，下課時常有一群同學圍著她聊天，而我……從來不是這群，哈！學生時代的我，個性比較封閉，話不多，也沒什麼自信，不太主動和別人互動。所以當文文來找我當她同組作業的夥伴時，我覺得受寵若驚。

在那之前，我幾乎不曾跟文文有過任何交談，而且文文是班上成績名列前茅的優等生，人長得甜美漂亮，說話聲音柔細，而我的成績普通、口條普通、長相普通……感覺就是個不太會被看見的邊緣人。

所以當文文一臉燦爛笑容的邀請我當她的同組夥伴時，我緊張的不知道該說什麼，因為班上有太多喜歡她、仰慕她的同學搶著要跟她一組。

「欸！我跟你說，我已經跟班長登記我們同一組囉！」班上那個老是愛主持正義的大姐頭（這位同學外型比較中性，說話粗聲粗氣的，我自己在心裡默默幫她取了這個綽號）突然搭上我的肩，不給我機會回話，就硬把我從文文身邊拉走。文文尷尬的對我笑笑，臉上掛著無奈的表情。後來，果然一堆人圍著她吵著要跟她同組。

這是我學生時代的一小段插曲，會記這麼清楚，是因為後來文文寫了一張字條給我，說她很喜歡我的沉穩，也覺得我平時在班上的發言與舉動讓她印象深刻。我超訝異的，當時的我真的平凡到不行，居然會得到這樣一個風雲人物的注意，雖然在那之後我們也只有零星的交流，但已經是我枯燥升學生活中的一個亮點了。

事隔多年，後來聽同學說，文文大學畢業後出國念了ＭＢＡ，回國後在一間外商公司工作，但是她始終單身沒結婚，也沒跟大家提過自己的感情狀況，外表亮麗如昔。我雖沒有和她聯繫，但偶爾可以從其他同學那邊得到一些片段的訊息。

「嗨！靜如你好，我跟同學要了你的ＬＩＮＥ，有些問題想請問你。」

透過那一次的聯絡，我才知道文文後來的發展。

文文在一家做媒體的外商公司工作，有一次公司針對全公司北中南的核心同仁舉辦兩天一夜的外訓課程，文文就在那次認識了一位和她不同部門的同事。在訓練課程間她們有很多互動，也很聊得來，後來外訓結束，兩人便常常下班相約一起去逛街、吃飯，甚至主動發起彼此所在部門的聯合聚餐及出遊活動。

文文從學生時代就很喜歡邀朋友到家裡作客，所以剛開始她如同以往把這位同事帶回家，家裡也覺得正常。只是次數多了，在文文媽媽留心觀察下，她開始覺得文文和這位女同事的情誼有點不太一樣，就主動找文文談。

「其實，我很早就發現……我喜歡的，是女生。」

可惜文文媽不支持，於是向來乖巧懂事的文文開始用晚回家表態，甚至深夜不歸。文文媽對於從小順從又惹人疼愛的女兒的變化，都歸咎到她的「女」朋友身上，從一開始好言相勸到最後惡言相向，氣得文文選擇離家跟「她」同居。

前幾年同婚雖然合法了，但在文文心裡還是嚮往能被父親牽著手走在紅地毯上完成人生大事。無奈的是，經過幾次說服、爭吵，她的父母親還是堅決反對文文的另一半是女生。

後來文文選擇不結婚，和另一半彼此當「同」伴，一起好好生活，還養了一隻可愛的小狗，組成一個小家庭。

文文跟我說：「我知道你後來念法律系，先生也是律師，所以我想問一下，最近我們要買房子了，用她的名字貸款，條件比較優惠。我們同居這麼久，同婚也合法了，如果房子用她的名字買，未來如果有狀況，我可以享有財產分配的權利嗎？因為她的家人也不太贊成我們在一起，她年紀比我大一些，我擔心有一天她不在，我跟她的家人會有紛爭。還有，最近她健康檢查時發現有家族遺傳的高血壓，她父親在前年中風離開時受了很多折磨，她交代我，如果有一天她發生什麼事，一定要幫她做對她好的醫療決定。但是，我可以用同居伴侶的資格來簽名嗎？」

聽起來，文文和她的同性伴侶之間信任度很高，也是彼此生活的依靠，我很為她開心，人生可以找到這麼值得信賴的對象。比起現在身旁很多姐妹淘，在中年過後婚姻開始進入瓶頸或陷入危機，文文其實還是算幸福的。

不過我也告訴她，同居伴侶和實際做結婚登記的配偶，在身分上還是有很大的落差，不論是在財產分配或醫療決定上，最好都是用配偶的身分比較能夠給她們彼此更完善的保障。其實現在採登記婚制度，她們可以先登記彼此為配偶，有機會再說服彼此家人補上儀式。

「恭喜你找到牽手一生的伴侶喔！」

「謝謝！」

不論如何，在這多變的世道看到仍有真摯的感情存在，還是讓人心裡暖暖的。

鍾律師．這樣說

在彩虹旗各地揚起、時代洪流的推進之下，我國終於在一〇八年正式通過施行《司法院釋字第七四八號解釋施行法》，為同性婚姻制度鋪上幸福的紅毯，同婚元年自此展開。此後，同性伴侶可以基於經營共同生活、建立親密排他關係為目的，至戶政機關辦理結婚登記，彼此成為攜手的配偶。

假設文文和女友辦理同性結婚登記的話，她們所享有的權利義務，大致與民法關於夫妻的規範相同，均負有同居、扶養、負擔家庭生活費的義務，彼此就日常家務事宜可以互為代理，也適用夫妻財產制以及民法繼承篇的相關規定。有所差異的，主要在於同婚配偶只能收養他方子女，無法共同收養第三人的子女，也就是說，文文只能收養女友的小孩，沒有辦法一起收養其他人的子女。

如果已經結婚登記成為同性配偶，在醫療決定方面，法律賦予較大的決定權限，假設文文遭逢意外事故，或需要簽署醫療重要文件時，配偶就可以立即代為決定，包含代為簽署手術同意書及麻醉同意書、器官移植同意書、預立安寧緩和醫療暨維生醫療抉擇意願書等重要醫療文件，不需要再經過特殊的授權或簽署委託書。除此之外，配偶可擔任文文的醫療代理人或意定監護之受任人，代理文文表達醫療意願，以及處理其日常生活法律行為與財產管理。

然而，若文文與女友因為家人阻撓或基於自由意志與考量，而沒有辦理結婚登記，彼此之間所享有的權利義務關係，就會跟配偶有滿大的落差，在法律上頂多成立類似「同居人、同住家屬」的地位，而成為「同性伴侶」。

為了能保障同性伴侶的權益，有部分縣市開放同性伴侶「註記」的登記，經註記後的伴侶，按照衛福部函釋認定，可以成為醫療法中的「關係人」，也就是文文即便和女友並未結婚，但有註記為伴侶，就算彼此並非配偶，女友仍然可以代理文文簽署手術同意書、麻醉同意書或其他侵入性檢查或治療之同意書。而在安寧緩和條例、病人自主權利法以及民法意定監護的制度中，文文也可以透過書面委任的方式，讓女友成為醫療代理人，代為做出醫療決定或擔任意定監護的受任人，管理處分文文的財產與處理日常生活事物。

但是，以上事項都要經過特別的委任程序才會生效，如果只是同性伴侶的身分，不會當然自動取得以上權利，這點務必要特別留意。

為自己決定是否走入婚姻

另外，在民法中關於財產與身分的規定，也會因為是否結婚登記而有頗大的落差。在結婚的同性配偶方面，假設文文之後離婚，或是伴侶身故，她都可以按照剩餘財產分配的規定，要求分配伴侶在婚後取得的特定財產，因此即便婚後伴侶買房且單獨登記在女友名下，文文仍然是可以要求分配房子的，也可以用繼承人的身分，繼承女友名下遺產。

但相對的，如果文文跟女友只有伴侶關係、沒有結婚，當然就不適用剩餘財產與繼承制度。因此，女友所有的個人財產，基本上都和文文無關，文文名下的財產亦是如此。除非雙方把房子登記為共有，或是彼此之間有借名登記相關約定，抑或女友透過預立遺囑的方式，把財產贈與給文文等，彼此之間在財務上才會互有關聯存在。

同性婚姻制度開啟了身分關係的新扉頁，讓同性別者可以自由選擇是否走入嚴謹、完善的婚姻，或是維持較為彈性、開放的伴侶關係，兩個制度在身分、財產、醫療等權益方面的異同，值得在擇定身分關係之前先行了解與評估。特別是已屆高齡者，由於需要他人代為做醫療決定、管理事務的情況會更頻繁，不論是否結婚，都應該好好為自己的晚年生活把關與規劃，讓自己的終身大事，託付給真正信賴的配偶或伴侶，為自己做出最好的決定。

※同性配偶與伴侶的法律地位比較表

	同性配偶（已結婚）	**同性伴侶**（未婚但長期同居）
民法上定位	因結婚而成為配偶。	以永久共同生活為目的同居一家者，視為家屬。（民法第一一二三條）
醫療法之角色／權利	配偶／聽取手術事宜，簽署手術、麻醉、侵入性檢查或治療同意書（醫療法第六十三條至第六十五條）	關係人／聽取手術事宜，簽署手術、麻醉、侵入性檢查或治療同意書（醫療法第六十三條至第六十五條）
人體器官移植條例之角色／權利	最近親屬：配偶／可成為受器官移植者（人體器官移植條例第八條）、可書面同意摘取器官進行移植（人體器官移植條例第六條）	無
安寧緩和條例之角色／權利	最近親屬：配偶／可代理簽署預立安寧緩和醫療暨維生醫療抉擇意願書（安寧緩和條例第七條）	得經委任成為醫療委任代理人／可代理簽署預立安寧緩和醫療暨維生醫療抉擇意願書（安寧緩和條例第五條）

病人自主權利法之角色／權利	得經委任成為醫療委任代理人／聽取醫療機構關於病情之告知，簽署手術、侵入性檢查或治療之同意書，代理意願人表達醫療意願。（病人自主權利法第十條）	得經委任成為醫療委任代理人，但不得為受遺贈人、遺體或器官指定之受贈人、其他因意願人死亡而獲得利益之人／聽取醫療機構關於病情之告知，簽署手術、侵入性檢查或治療之同意書，代理意願人表達醫療意願。（病人自主權利法第十條）
意定監護之角色／權利	得經委任成為意定監護權人／處理日常生活、醫療、財產管理等事務。（民法第一一一三之二條）	得經委任成為意定監護權人／處理日常生活、醫療、財產管理等事務。（民法第一一一三之二條）
有無民法繼承適用	有	無，但仍得藉由遺囑受領遺贈。
有無夫妻財產制適用	有	無
有無互負扶養義務	有，配偶間互負扶養義務（民法第一一一六之一條）	有，家長與家屬間互負扶養義務。（民法第一一一四條）

（資料來源：鍾依庭律師整理）

PART 2

以信託做為規劃

有意識、有計劃的
想想自己的退休生活怎麼過，
並藉由各種理財工具去執行，
這是中年以後一定要
放在心上的事情！

第6課

善用理財工具，創造無虞的未來
——安養信託

一個前幾年離了婚的姐妹淘傳一則訊息給我，是有關日本一群銀髮老太太合力找塊地，蓋了一棟房屋，準備一起度過老後生活的新聞。

從新聞照片中，看到五、六個可愛的老奶奶坐成一排，笑得燦爛，彷彿非常期待接下來的退休養老生活。

「你看！我們要不要姐妹們約一約來蓋一棟？」好姐妹興高采烈的說：「看是要蓋在花蓮還是宜蘭，好山好水的地方，大家一起存錢蓋房子養老。」

「可是……好山好水會不會好無聊啊？旁邊萬一沒有小七怎麼辦？」我想到夜深人靜時，突然想去買個滷味或鹹酥雞都沒有，覺得這個夢想少了點現實性。

「哎喲！小七的東西哪有我煮的好吃？」我這位姐妹是個傻大姐個性，對朋友都很好，平常幾乎都是她在照顧我，和她一起養老倒是挺不錯的，不過萬一我們兩個都老了，都需要人照顧，想想覺得這個點子好像不太行得通。

「不過，你老公應該不會想來跟我們一起住吧？我們一群歐巴桑嘰哩呱啦的，呵呵……」

也對，我的姐妹淘裡獨身的比有配偶的多，她們住在一起可以有個伴，但我老公應該不會想住在一群老女人堆裡。不過，聽說日本現在很流行卒婚之類的婚姻關係，就是老後夫妻分居，有空再約時間見面。如果有一天我和老公老了，覺得相見兩厭，這或許也是一種不錯的選擇呢！

「你們先幫我留一個位置好了，哈哈！」

人應該多多少少都會有這種「等我老了以後」、「等我退休之後」的想像與規劃吧！

我在前幾年曾企劃了一本《拒當下流老人》專刊，遇到各個領域與養老退休相關的業者，像是律師、會計師、保險、信託、養老機構、銀髮保健品、養老投資計畫……等等，那時我才真正領會到，養老，有．多．花．錢。

因為我近年有在修習財產規劃相關課程，身邊不少年紀略長於我的人跑來問我要怎麼保障未來養老的時候自己的錢夠用，或是現有財產到時不會被濫用；我也才發現，對於未來養老需要多少錢、怎麼樣可以好好規劃用在自己身上，大多數人沒有什麼概念，甚至還有不少人根本每個月賺的錢只剛好夠花，怎麼會有錢拿來規劃養老呢？

剛好我老公有一位研究所同學是銀行信託部經理，有次老公跟他提到我近年取得保險證照，也一邊修習財產規劃的課程，希望可以幫自己及老公的資產做更完善的分配，也想分享給我經營的社群上的朋友們，讓大家更重視養老的提前準備，我們約了碰面彼此交換一些想法。

「其實，每家銀行都有一些和養老信託相關的方案，也可以量身定做，不過很多人不了解信託的意義，也不知道銀行有這樣的服務，所以我們需要更多人協助推廣，讓大家除了賺錢、存錢之外，也要記得做一些配置與規劃，確保自己存的錢能夠用在自己身上，到老都用得上。」銀行經理拿出一些安養信託的推廣資料給我們看。

「的確，我們事務所一直以來都在處理許多類似的紛爭，像是老人家把資產分年提前分配給孩子，想要省一些遺產稅，結果孩子們拿了財產，但說到要照顧老人家卻都在推托，結果有一對老爸爸老媽媽吵著要撤銷贈與。也有一些子女帶著爸爸媽媽來事務所，說他們被理財專員勸說買了一堆不符合需求的保險和投資商品，可以提告嗎？昨天也有一個老人家來事務所諮詢，說他存款不多，只有工作一輩子買的一間自住的房子，問我們要怎麼用這間房子來養老，確保自己不會被騙。其實一般民眾對相關的法規制度並不是很了解，也不知道有哪些工具可以運用，更恐怖的是，有不少不肖人士趁機介入，揩了不少的油！雖然這樣我們律師的案源是多了不少，但總是為很多老人家的養老金擔心。」老公也順勢聊了事務所目前看到的一些實際案例。

在那一次會談之後，我開始在社群持續向大家分享財產規劃及安養信託的概念，果然不少網友私訊我，說他們真的沒想過這個問題，只想到努力賺錢，老了才不怕沒錢用。甚至有一位網友跟我分享，她身旁有個案例，一位老母親把自己的養老金借給剛結婚的兒子買房子當頭期款，結果後來孩子把房子過戶給太太，沒想到最後離婚，自己的養老金也少了一大塊。

總之，有意識、有計劃的想想自己的退休生活怎麼過，並且藉由各種理財工具去執行，這是中年以後，甚至年輕時就應該放在心上的事情。安養信託就是大家在努力賺錢之外，可以多加了解的一件事喔！

鍾律師・這樣說

人終其一生孜孜矻矻，埋首於工作中，除了及時行樂、養家活口外，更是為了讓自己在退休後的生活中，能有一筆養老金頤養天年。

在經濟不景氣、年輕人都自顧不暇的情況下，「養兒防老」似乎已經成為奢求。更何況現今不婚主義、單身貴族人口攀升，晚年生活更是沒有他人可提供法定的扶養費。由此可見，不論未婚、已婚、有子女或頂客族，都應該提早妥善的規劃養老金。

成為高年級熟齡族之後，在自己意識清楚、判斷力尚佳之際，名下的財產要投資股票、房地產或是其他理財工具，都是有自主性且富有彈性的。待年紀漸長、判斷力下滑時，一來可能自己投資失利、揮霍無度，將養老金花光；一來也可能吸引不肖份子利用投資靈骨塔、保證高獲利等名目來誘騙投資，到最後往往空歡喜一場，款項更是不翼而飛、難以追溯。

妥善利用信託制度

為了妥善保全高年級熟齡族名下財產，免於上述夢魘真實上演，財產就有必要交給值得信賴的個人或團體，按照自己的意思與實際所需來照料自己的熟齡人生。此時，「信託」就是一項很常被討論與使用的制度。

信託制度的特色在於，可以把自己名下的財產交付給特定個人或機構代為管理，也可以交給值得信賴的親屬，或是由專業的銀行、信託機構辦理。財產交付後，並無法恣意使用，受到託付的個人或機構，此時的身分就是「受託人」，必須按照自己的委託意旨，例如是為了晚年的生活照顧、保全財產、照顧親屬或穩當投資等目的，才可以合法動用財產。

熟齡一族辦理信託的優點有以下三個：

一、基於財產安全的考量：由於信託後的財產會直接移轉、過戶到受託人的名下，可以完全、有效的避免自己年長後不當的揮霍財產，也可以避免遭受詐騙集團、理財專員不當利用，或被親屬、朋友擅自以贈與、偽造文書等方式移轉，可達到財產妥善保全的目的。

二、不用擔心自己或關心的人日後缺乏穩定的生活費：信託的目的就是讓財產做妥善的利用規劃。即便自己沒有子女、家人、朋友在旁扶養也不用過度擔心，因為信託的受託人會按照當初約定，將每月固定的生活費用撥款，或是直接付款給照顧機構（例如安養中心、醫院等），擔負日常照護保護網的重要角色，讓珍貴的財產能夠細水長流的用在需要的事務上。另外，如果擔心未來子女、寵物，或是其他自己長期關注、捐贈的單位沒有足夠的照護，也可以約定將信託財產固定撥款給指定單位，讓關愛不因年華老去而間斷。

三、專業處理，帳務透明：若財產交由專業的銀行、信託機構辦理，信託財產的帳務將會獨立透明，全數專款專用，以建立財務管理的信任機制，一分一毫都可以精準的花在信託事務上，甚至可以投資穩健金融產品，讓財產有活水湧入，更源源不絕的實現想完成的信託事務。

哪些財產可安排信託？

信託的財產類型也很多元化，以下介紹幾種類型：

一、動產：儲蓄可以說是國民運動，熟齡族通常都會有一筆為數較為可觀的存款、股票，以上都可以當作信託財產，包含可以約定用款項、股利，來按月支付生活費、安養中心機構費、醫療費、其他家用等，以滿足基本生活需求、避免恣意花費。另外放在信託內的財產，也能持續配置在穩定的投資產品中，例如固定每月提撥一部分資金，配置於購買基金、債券上，讓資產持續有效穩固的運用。

二、不動產：依據財政部統計處的房屋稅徵收報告顯示，全國有近八成的不動產是由四十五歲以上者所有，其中有近三成是由六十五歲以上的熟齡族所有，可見熟齡族持有不動產的比例甚高。但不動產也有一定的使用年限，老年後不動產的維護、使用、規劃，也是一項重要的課題。再者，畢竟不動產所費不貲，很多人終其一生，繳納完千萬房貸後，其餘的財產可能就所剩無幾，此時，要怎麼有足夠的現金，來支付未來日常所需呢？

目前信託業者，也有把不動產與信託結合的選項，主要可分為「以房養老」與「留房養老」兩種類型：

一、以房養老：顧名思義，就是把房子本身當作養老金來使用，但房子畢竟是不動產，要怎麼變現呢？此時可以把房子跟銀行辦理「逆向抵押貸款」，把房子設定抵押權給銀行，銀行會按照房子的鑑定價格，並計算額度，在固定的年限內把貸款出來的款項，依照約定按月撥入安養信託帳戶，並專款專用支付熟齡族每月基本生活開銷。以房養老安養信託的優點，在於可以享有一定的資金靈活變現運用，且在信託期間，房子仍然是可以自住使用，完全不會影響到生活品質與權益。關於「以房養老」信託方式的詳細介紹，將在第十九課做更詳細的說明。

二、留房養老：倘若熟齡族不只一間不動產，且希望將房子留給下一代，就可以考慮留房養老的安養信託。其特色在於結合包租代管，由熟齡族把不動產的所有權與租金交付信託，不動產會有專業租賃單位負責出租、管理，所收取的租金即可作為安養信託專戶資金來源，專款專用支應安養生活所需。一方面可以讓閒置的不動產活化使用，另一方面有專業人士代為處理租賃事宜，自己毋庸不斷疲於奔波，就能有租金收入作為安養基金，讓往後生活無後顧之慮。

自己理想的退休生活藍圖是什麼樣子呢？趕緊盤點自己現有的財產資源，多加了解現有的信託制度與方案，讓理想生活的拼圖逐一精彩實現吧。

第7課

不再擔心「萬一」的到來——遺囑信託與未成年子女保障

那天姐妹淘小玉跟我聊到：「欸……那天我前夫又跑來跟我借錢了。」

「蛤……那你有借他嗎？」

「我跟他說，前債未清，我絕對不會再借他一毛錢。」

我心裡有點訝異，也有點高興，因為以前小玉是個柔順又善良的女生，對朋友的請求從來不拒絕，我常常念她這樣會被「軟土深掘」，讓人家超越她的底線，把自己搞得很辛苦。

她跟前夫的那段婚姻也是這樣，總是她在付出、等待。前夫愛回家就回家，不回家連電話也不接。

我還記得，那時她還沒離婚的時候，常常打電話給我哭訴：「他以前不是這樣的，當年他在追我，只要沒接到我的電話就會嚇個半死，差點沒衝到我家跟我道歉。送我回家的時候，也都不放我上樓，黏著我聊一個半小時，我爸回來才摸著鼻子跑掉。」

正常啦！我自己在粉專後臺聽過這樣男性「突變」案例太多了，總之，因為當時他要追你啊！結婚後就是囊中物，跑都跑不掉，就不用早晚問安加送早餐了。

「每次我煮完晚餐，問他什麼時候會來，他要不說等一下，結果兩、三個小時後才到家，要不就是不讀不回。前幾天居然早上才回家，我跟他吵，他就說跟同事去唱歌，也不知道真的假的。」

這一類的抱怨我不知道聽了幾百次，甚至有一次她因為先生晚歸心情不好吼了女兒，結果打電話跟我說乾脆離婚算了，反正有沒有這個老公也沒差。

果然沒多久，小玉就發現她先生外遇了。

吵、鬧、哭，跟大部分妻子的三部曲一樣，而且她走了好長一段的婚姻破碎創傷療傷期。

「以前的我覺得，一定要有個完整的家庭，不然會對不起我女兒；但現在我覺得讓她有個不快樂的媽媽，才是對不起她。」

今年四十五歲的小玉，現在自己開了一家小店，賣些飾品、小物，也兼做網拍。雖然過得不算富裕，但起碼養得起自己和女兒。現在有個小她五歲的男朋友，很照顧她，也疼她的女兒，但她始終不敢答應對方的求婚，真的是被前一段婚姻嚇到了。

前不久小玉曾經跟我聊到，她現在身上存了一些錢，也保了幾個險，目前貸款繳得很穩定，如果有什麼萬一，保險金和資產應該足夠供女兒念到大學。但是，她也擔心會不會走得太早，女兒還小，照顧她的人不知道會不會好好運用這些資產？也擔心前夫會覬覦這筆財產。

當時我有提醒她，依現在的法律，未成年子女的父母其中一方過世，即使是離婚配偶及單獨擁有親權，另一方還是會在對方過世時優先取得親權。雖然可以透過法院裁定變更，但畢竟需要時間，也不是十拿九穩。

有親權的父母可以管理未成年子女的財產，所以萬一小玉突然離世，她的前夫的確可以隨意處置她女兒的財產。

趁著這次小玉跟我提到她前夫來找她借錢的事，我趕緊提醒她：「你趕快處理好上次我跟你說的遺囑信託和保險金信託吧！特別是那些為了女兒買的保險可以去做一下批註，辦理分期或等女兒成年後再給付，不然到時候你辛苦存的錢被前夫拿去揮霍，不就讓你在天上搥胸頓足了。」

小玉點點頭。很開心她終於做個懂得保護自己的人。

以前的她總是說，她過世的父親不在了，沒有人可以給她當靠山。但現在的她不只可以當自己的靠山，更可以成為女兒的靠山，她再也不是以前那個柔弱的小女人了。透過妥善的安排，女兒的未來也可以一併保障，不用再擔心任何「萬一」的到來。

子女永遠是父母心中的牽掛，尤其是單親的父母，好不容易撐過婚姻的崎嶇難關，偏偏世事難料，我們無法預知下一刻會發生什麼事故，尤其小玉的女兒尚未成年，倘若她因疾病或意外辭世，按照民法規定，女兒的監護權就會回歸給小玉的前夫，且前夫可以替女兒管理所繼承到的財產，權責非常大。小玉努力打拚的一切可能在轉瞬間遭前夫占有，更令人擔憂的是女兒能否好好平安成長。

所幸，有個讓幸福得以跨越生死界線、持續延續與託付的方式——可以透過預立遺囑，將名下的財產交付信託，簡稱「遺囑信託」。

遺囑信託的適用性

假設小玉名下有不動產、存款，也有投保商業保險且受益人是女兒，未來女兒就可以繼承到這些遺產。小玉可以在生前先預立遺囑，並在遺囑內記載所有遺產的交付信託，等到小玉過世，可以確保不動產仍讓女兒持續居住使用，且存款和保險金可用來定期支付女兒的學費、生活費、留學基金等，即便前夫是女兒的監護權人，也無法動用到小玉的遺產。要等到女兒成年後，她才能自行決定遺產怎麼使用。以上方法可以順利照顧到女兒的未來生活，也避免小玉前夫來奪走財產。

其實不只是單親的父母可以適用遺囑信託，舉凡有需要特別照料的親屬、友人，甚至寵物，都可以評估透過遺囑信託的方式，來達到「把愛延續」的目的。而遺囑信託的另一個優點是本人在世時，對於名下的財產都還有完全、絕對的掌控權，可以自行決定如何利用、出售，不會影響自己身為所有權人的任何權益，只有在辭世時才會適用遺囑信託的流程，因此是一個非常彈性、自由的制度。

遺囑信託的程序

假設小玉想要著手辦理遺囑信託，該如何進行呢？遺囑信託可以分為「預立遺囑」與「交付信託」兩個程序來處理。

一、預立遺囑：

首先，小玉需要按照民法規定，撰擬一份合法有效的遺囑，確認遺產的項目有哪些？遺產是否均由女兒單獨繼承，或是部分遺產由手足、父母等他人繼承？另外要註明，由女兒所繼承的遺產會全數交付信託辦理。

需要特別留意的是，遺囑中會建議要指定「遺囑執行人」。由於遺囑是在小玉辭世後才生效，即便小玉煞費苦心的規劃這麼多為女兒設想的方案，但在小玉辭世後，必須有人把這些方案妥善執行，並如實交付信託。此時，遺囑執行人的功能就出現了，職責就是負責實行遺囑內容，以及管理、辦理遺囑所衍生的一些行政事務與手續，包含製作遺產清冊、協助完納遺產稅。倘若遺產有遭他人不法侵占的情況，遺囑執行人也有權利要求他人交付遺產。

遺囑信託中訂立遺囑執行人的優點在於，可以確保遺產確實交付信託，讓信託契約能夠正式啟動。遺囑執行人可以選任值得信任的成年親屬，或是委由第三方專業人士擔任，包含律師、地政士、會計師等都是不錯的選擇，由第三方專業人士擔任，更能確保程序合法的進行，也可避免因家族親屬間的利益關係衍生出紛爭或風險。

二、訂立遺囑信託契約：

信託契約的內容主要是確認信託的受託人、信託財產的範圍，以及小玉希望受託人未來如何運用信託財產，以保障女兒的權益。

信託契約的受託人可以選擇小玉信賴的親屬、朋友，或是交給專業金融機構、信託單位辦理。選擇個人的優點是，費用可以由雙方合意決定，報酬可能較為低廉，且在信託財產的運用決定上，因為不用像金融機構需受到信託業法與主管機關的拘束，因此運用管理財產上會較為有彈性。但相對的缺點就是人心難測，如果該人不諳法令，或日後將信託財產恣意使用、處分，女兒的權益勢必會是首當其衝。

選擇金融機構或信託單位辦理的優點是具專業性，而且金融機構有信託業法與主管機關雙重控管，相較於個人會更嚴謹的履行信託契約的義務。但相對的，金融機關與信託單位需收取相關管理費用，包含簽約金（一次性的費用，按照信託契約複雜度，費用大約坐落在千元到萬元之間）、信託管理年費（經常性費用，大約以信託財產規模的〇．二至〇．五%計算）、修約費等，管理信託財產上的彈性比較少一些。

在信託財產的部分，包含小玉名下的不動產、存款、股票、保險金等，都可以是信託標的，得依據不同財產的特性，評估如何管理使用。例如信託財產為不動產時，可以約定是否交付包租代管，以及租金如何使用；信託財產為存款時，可以約定按月撥款到女兒帳戶，且可以繳納保險費、學雜費等，甚至可以定期定額投資特定穩健的有價證券，以上皆可按照小玉個人需求以及對女兒的照護方式與程度等，與受託人討論後妥善規劃、量身訂做。

最後，信託契約中也可以指定親屬或是專業人士（例如律師、會計師等）擔任「信託監察人」，目的是在監督信託契約的受託人，以確保有如實按照信託契約規定，保障子女的權益。

信託就像是小玉對女兒親情與關愛的延續。生命雖然有限，但愛不會消失，妥善的遺囑與信託規劃，可以在女兒的成長歲月中，持續扶持她，讓她滋養茁壯，並一一實現小玉和女兒的理想，或許可以說是用最好的方式，來照顧一生最愛的人。

第8課

給孩子最完整的愛與保護——未成年子女信託

我們鄰居張先生和張太太是執業多年的計程車駕駛，兩個人一早一晚輪流開車不曾間斷，就是因為早年兩人都過著苦日子，所以希望能夠多累積一些資產給孩子，讓孩子不用像他們一樣辛苦生活。

他們夫妻在多年的打拚與投資房地產之後，果然累積了不少資產，但這下父母的愛卻出現了可能害到孩子的危機。怎麼說呢？

「我們那個孩子已經二十幾歲了，還不願意出門工作，整天在家打手遊，仗著我們只有他一個兒子，覺得未來的財產都會留給他，一點上進心都沒有！身旁也都繞著一群奇奇怪怪的人，整天約他投資，講出來的企劃根本像是詐騙，我們那沒見過世面的兒子根本不會分辨，不想上班，只想等著當老闆，一直吵著要我們把錢拿出來給他做生意。」張太太憂心忡忡的跟我抱怨。

「也怪我們從小就寵他。沒辦法，就生這個兒子，不疼他要疼誰？我們工作那麼拚命不就是希望讓他以後不用為了經濟煩惱，但這下卻換我們擔心他會把錢亂花光。」張先生氣急敗壞的責怪自己教子無方。

張太太說：「最近我們親戚中有個晚輩也是繼承了爸媽幾千萬的遺產，結果整天吃喝玩樂賭，沒幾年就被身旁的人騙光錢，四、五十歲身無分文也沒有一技之長。看到他這樣，我們好像看到了兒子的未來，所以想來找律師問問看，有沒有什麼方法，看是要立遺囑或託管之類的可以解決我們的問題。我們真的很怕兩個人一走，他身上所有的錢會被那些牛鬼蛇神騙光。」

張太太的擔憂不是沒有道理，以前在事務所看到的例子也不少。父母留給孩子資產固然是美意，但是沒有好好處理或配置，有時候反而是害了孩子。也是因為這兩年我自己修習過一些財產規劃的課程，所以很自然的就給了他們兩人交付信託的建議。

「如果擔心留下的遺產被孩子浪費掉或被身旁的人覬覦的話，可以考慮辦理『交付信託』，透過受託人的管理，分期、分年或以年限到達或事件發生將信託財產交給受益人，就可以避免繼承人一次拿到高額遺產會遭遇風險。簡單來說，就是把遺產直接交給可以信任的人管理，約定好每年給多少錢，或是等到繼承人幾歲才交付財產，也可以設定某些事件，像是結婚、生小孩、生日等等才交付，可以有效避免繼承人一次把錢花光光或被騙喔！」信託真的是很多有錢人將財產慢慢分批給小孩的愛的方式。

「那應該怎麼做呢？」張太太彷彿抓到一根浮木，臉上的擔憂漸漸散去，真的是辛苦她了。我看她平常打扮簡單，身上也沒有什麼貴重飾品，所有的錢存下來只想好好照顧孩子，看了讓人有點捨不得。

「你們可以找律師立遺囑，再找銀行處理遺囑信託。現在金融機構的信託方案彈性很大，一定可以幫到你們的。」

其實，我的心裡是偷偷希望他們夫妻可以在晚年多花點錢在自己身上，對自己好一點，好好享受養老生活。

兒孫自有兒孫福，我覺得父母留給孩子最好的禮物應該是愛與處世的態度及思維，讓他們用自己的方式努力生活，好好享受為人生拚搏的過程啊！

曾在媒體上看過一篇文章，提到香港已逝藝人沈殿霞的女兒鄭欣宜年滿三十五歲，終於可以動用其母留下那一筆六千萬港幣（約新臺幣兩億三千萬元）遺產。鄭欣宜曾說，因為這筆遺產交付信託，讓她一度窮到戶頭裡只剩下港幣二十六元，不過這也讓她痛定思痛做好理財，不會亂花錢，讓沈殿霞生前運用信託機制守護女兒達到一定的效果。

用信託保障孩子的未來

從上面報導可知，「肥姐」沈殿霞即使到了人生最後關頭仍心繫女兒，擔心女兒年紀尚輕，不如何好好使用這筆龐大的遺產，為免她在自己過世後揮霍無度，於是把名下香港及加拿大等地的不動產、銀行存款、投資基金和珠寶首飾等都轉入信託，女兒鄭欣宜在三十五歲之前每個月只能從信託專戶中領取約八萬元臺幣的生活費，一時之間將其從生活無憂的公主人生抽離，必須開始適應全新的平民身分。隨著年紀增長，鄭欣宜也很爭氣，靠著自身的努力成為一名實力派歌手，成功走出自己的一片天。在迎來三十五歲生日時，她不再只是人們口中那個沈殿霞的女兒，她就是鄭欣宜，一名獨立的專業歌手。沈殿霞聰明的選擇設立信託，而不是直接將遺產交給女兒，不僅替她守住了高額的遺產，也替女兒上了最後一堂課，讓媽媽懷中的小女孩蛻變成自立的大人。

除了沈殿霞的例子，國內外也有許多名人透過設立信託方式替兒女守住財富，他們擔心的或許不是遺留下來的財產會被監護人或有心人士挪用，更怕的是兒女沒有準備好如何去規劃這筆龐大遺產。

或許讀者看到這裡會心想，自己沒有這麼多財產，不太需要擔心被揮霍，但重點不在於替孩子留下了多少，而是替孩子守住多少。做好財產傳承，也不用到了人生的最後還要替小孩的未來擔憂。

信託的分類與方式

在前面的章節裡我們介紹過安養信託及遺囑信託，依照受益人的不同，可以分成自益信託及他益信託。安養信託屬於自益信託，是為了自身晚年的生活無憂，預先做的財產規劃，信託的利益由本人享有；遺囑信託則是屬於他益信託，信託利益由指定之人享有。

如果以信託標的分類，又可以分成金錢信託（例如安養信託及子女保障信託）、保險金信託、有價證券信託及公益信託。美國職籃聯盟洛杉磯湖人隊球團前老闆傑瑞・巴斯（Jerry Buss）過世前就將球隊的股份信託，並由其六個孩子成為受益人，這也是他益信託的一種。將球隊股份信託給託管機構，可以保障他的小孩不能輕易將股份賣掉，以保住家族基業，同時他的小孩們身為股份受益人，可以擔任球隊總裁等高層職位，能確保他們都有一份穩定工作養活自己，這也是一種很漂亮的信託方式，既能保住自己辛苦累積下來的基業，也能確保小孩將來的生活無虞。

財產分配規劃方式百百種，不論是透過遺囑、保險或信託，都能達到一定程度控制遺產分配比例及給付的方式。或許是基於稅務考量選擇以保險將財產留給兒女；又或者為求公平慎重，採取公證遺囑方式指定遺產分配，端看自己如何取決。但隨著相關法律的建置及提供服務的方式越來越多元，父母對於兒女的關愛不是到死亡那刻即戛然而止，父母留給兒女的不只是財產，還可以是辛苦經營的財富「最完整的保護」，讓財產確實傳承下去。

近來許多銀行也開始規劃發展信託部門，針對父母與子女間推出不同信託服務，例如子女保障信託、子女學習信託等，甚至與父母合作，父母仍在世時就先將財產都信託然後贈與兒女，由父母擔任受託人，讓子女除了學習對自己的資產負責，也能教導子女該如何管理資產。

子女保障信託與遺囑信託相同，都可以委託專業的信託機構，或指定受託人管理，子女保障信託更可以由父母本身擔任受託人，直接第一線的為兒女財產管理使用做嚴格把關。

子女保障信託契約約定內容十分彈性，能夠約定信託財產分配給每位兒女的比例，也可約定分成多次將財產逐一解除信託管理，完全交由兒女管理使用，這些事項在訂定之初就可以事先約定，不會因父母死亡而受影響，確保兒女管理使用財產的時間點及條件，讓父母最後的關心連同財產傳承給兒女。

PART 3

保險安排，是為了保險

保險的本質就是一種事先安排，
不只可為將來年老的自己做準備，
成為老年生活穩定供給的一種選擇，
也可以為兒女預留未來的財富。

第9課

投資自己的人生下半場——年金保險

「我想跟你分享一件事耶！」小萍那天喜孜孜的找我聊天，比起前次看見她愁容滿面的樣子，肯定是有喜事上門。

「好啊！一定是好事囉！看你這麼開心的樣子。」

小萍是個家庭主婦兼全職媽媽，平常多半忙小孩的事情，有時候會找我聊聊天，喜歡叫我「主婦明燈」，總說羨慕我可以走出原本的身分幫助許多婦女創業。

其實小萍是個善良又可愛的女生，結婚之後，生了兩個孩子，一男一女，自己帶，平常也很認真侍奉公婆，是個不可多得的好媳婦。不過，或許是因為在家裡待久了，比較少接觸外面，所以很沒有自信，常常覺得自己什麼都不會，跟我說話時總是開口閉口說：「我覺得你好厲害喔！都可以……」

我常常鼓勵她：「我才覺得你很棒呢！我只當三年全職媽媽，就覺得自己快無法呼吸，需要一點新鮮空氣。像你這樣願意把所有的時間花在家庭裡，真的很偉大，你的家人超幸福的。」

小萍也承認老公算是會賺錢，生活花費都不用擔心，要買什麼老公從來沒有不同意，只希望她好好的把家裡打點好，讓他沒有後顧之憂，可以專心打拚事業。

但是小萍看到身旁有一些婚姻狀況不好的姐妹，難免有一點焦慮，因為她老公的工作環境略為複雜，但她個性單純，萬一老公有個什麼閃失，她覺得自己根本毫無招架之力。

「可能是過去的創傷沒好，現在總會疑神疑鬼的。」

我知道小萍說的是她高中的戀情。當時她有個又高又帥的男友，對她很好，很會照顧她，吃飯接送都像個無懈可擊的暖男。後來發現這個男友一次劈腿好幾個女生，四處發送他的溫暖。那次讓小萍受傷很重，從此對男生不太信任。

前不久，因為老公深夜未歸，她跟他吵了一個大架，老公說了些重話，讓她很傷心，也開始思考是不是該幫自己準備一條後路，以免哪天老公變心會無路可走。

我記得上次和她碰面時，她顯得焦慮又膽怯，一直說自己不知道該做些什麼，懷疑自己什麼都不會、什麼都做不好。

「我覺得自己是不是選錯路了，早知道就該好好上班，現在或許也小有成就。我有一些高中同學已經是部門主管，我則好像失落了十幾年，什麼都沒累積。現在叫我出去上班，也拿不出什麼學經歷，可能連當助理都被嫌年紀大。」

其實我很能理解小萍的心情，過去自己在家庭主婦的角色裡，也覺得自己什麼都不會，真的花了很多時間重建自信。但我也跟小萍分析，就我所知，她其實很樂在當媽媽這個角色，也沒有太大的企圖心，如果只是沒有安全感，不如直接跟老公坦承她的心情，也聽聽老公的想法。

這次小萍打電話給我，就是要跟我分享與老公溝通後的「安全感」。

「我老公幫我保了一筆躉繳的年金險，說要讓我養老用，以後我到老都有年金可以領，房子也登記到我名下。他叫我不用擔心，不要想東想西。」

「哇！這麼好，這樣你應該比較安心囉！」

「對啊！起碼不用擔心如果我老了他不要我，會流落街頭。不過，我還是希望自己的生活圈可以廣一點，像你這樣活得開心精彩，又可以幫助別人。所以我決定跟你一起去斜槓。」

小萍說的是我這幾年成立的婦女創業平臺，也是因為發現太多臺灣女性結了婚離開職場，專心照顧小孩多年，等到年紀大了，另一半功成名就，覺得自己的「選擇」變多，就千方百計想擺脫元配。所以我常勸女生們要有自己的經濟收入比較有底氣，可以選擇自己想過的生活。這個平臺叫「娘子軍」，專門媒合不同的非打卡上下班的斜槓收入。

我對小萍說：「當然好啊！我可以帶你看看這邊女生在做的事。大家都做得很開心，甚至幫另一半分擔家裡的經濟壓力。說不定哪天你老公的工作有狀況，你的收入也可以幫助到他啊！」

其實，躉繳年金險是很多人規劃養老的一種方式，或者是像小萍這樣暫時沒有收入的人，透過這種方式，讓照顧她經濟的人可以幫助她少操一點心。不過，建議還是要多元規劃自己的投資、配置，才能最有效發揮資產效能。

更重要的是，投資自己，永遠不會錯。持續學習、持續成長，才是最有保障的資產配置，搭配其他的投資及財產規劃，幫自己創造被動收入，才不會變成大家口中所謂的下流老人喔！

彭律師・這樣說

看完小萍的故事，大家會不會對她擁有一位令人安全感滿滿的老公感到羨慕不已？

至少律師我就滿嚮往有個能在背後默默奉獻、讓我不用擔憂老年生活、能夠放心打拚事業的伴侶，好想大聲跟房東太太說我不想努力了！

玩笑歸玩笑，言歸正傳。小萍的結局固然美好，現實生活中能做到這樣事前規劃的家庭卻少之又少，就連養兒防老的觀念都已經不太實際。

現在家庭中，年輕一代常常念書念到研究所，從校園畢業投入職場時已經老大不小，孩子在讀書期間，父母也還不敢退休，別說養兒防老，不要啃老就很感謝了。既然已經不能再寄望兒女全權負責你的老年生活，我們就必須為自己的後半生做好打算。

老人安養衍生的問題越來越多

老人安養問題已成為高年級熟齡族之間的熱門話題，在我們事務所經辦的家事事件中，還有一種較少見卻可能隨時發生的類型——免除對父母的扶養義務。曾有民眾拿著社會局函文來找我，說多年沒聯絡的雙親因為沒有財產不能維持生活，而被社會局安置在療養院，自己因為是父母的扶養義務人被社會局追討數百萬元代墊扶養費。他們來詢問律師有沒有辦法向法院聲請免除對父母的扶養義務。

每每遇到這類案件，我的心情都相當沉重，一來同情突然身背巨額債務、拚命想要擺脫扶養責任的民眾，再來也因那年老無力自給的父母感到悲哀；更殘酷的是，如果兒女順利免除對父母的扶養義務，父母之後的撫養費就必須由政府吸收，全民買單，加重國家的社會成本。這不單單是家庭失和的問題，也將升級成社會問題。

撇除以上沉重的話題，有些年長客戶也會向我抱怨說，自己退休沒工作後就跟兒女同住，在家裡不受待見，做什麼事都要看兒女臉色，每天戰戰兢兢，過得很不自在。要不然就是在各兒女家中輪住，像顆皮球似的被踢來踢去。就因為年輕時沒有做好養老規劃，退休後沒有經濟來源，只能過著仰人鼻息、看人臉色過日子。

以年金保險做為人生下半場理財規劃？

為了避免人生下半場如此辛苦，最好能提前為自己的老年生活著想，預先規劃從正職退休後的第二收入，不論是被動收入或藉由發展第二專長所創造出的收入，理財規劃更是越早開始準備越好。至於投資理財方式百百款，沒有最佳的理財規劃，只有最適合的理財規劃。

以保險的方式做理財規劃，近年來也逐漸成為選項之一。相較於銀行定存利率低迷，無法跟上物價通膨的速度，而且股票市場仍存有高報酬、高風險的不穩定性，保險似乎是相對較為穩定且能細水長流的方式。況且在還沒有修法徹底改制社會保險之前，勞保是否會破產都狀況不明，而商業保險中的年金保險相對安全一點，因為保險法有規定保險公司在販售年金保險時，必須提取相應的責任準備金，不怕公司破產而發生無法領取的狀況。

但是也要特別說明一下，年金保險有一個缺點是，一般人通常必須從青壯年時期開始長時間累積，很少有人能夠像小萍的老公這樣以躉繳的方式支付保費，假使中間遇到失業或發生意外導致保費繳不出來，就只能解約領回現存的準備金，這樣在期滿之前解約會很吃虧，有種前功盡棄的感覺。在決定投保前，還是可以再謹慎思考一下自己適不適合。

最後，還是提醒大家那一句老話：沒有最佳的理財方式，只有最適合的理財方式。

第10課

有錢為何不能買保險？——保險利益

「這也太奇怪了，有錢卻不能買保險，又不是身體有毛病，到底我的保險業務員有沒有說錯？」

那天有個老朋友打電話給我，氣急敗壞的跟我說她的保險業務員居然跟她說不能幫自己的女兒買保險，她覺得實在太不合理了。因為之前聽說我修過保險、信託財產規劃相關的課程，加上有法律背景，所以來找我詢問。

「媽媽幫女兒買保險，不是天經地義的事嗎？為什麼不可以？怎麼會有這種奇怪的規定？」

這位老朋友是個直腸子性格，年紀大我一些，前幾年她先生過世，唯一的親人就是她一手帶大的女兒。我還記得去年她女兒出嫁時，前一晚她打電話給我，擔心女兒結婚後過得不好，不太想讓她嫁。

「你不讓她嫁，她就不嫁了嗎？我看她跟她未婚夫很甜蜜啊！老是在臉書上曬恩愛。」

「唉，臉書這種東西本來就是報喜不報憂，每個人都是把自己好的事情放上去，壞得都不提，搞得很多人覺得自己是世界上最倒霉的人。要是沒有臉書，我猜世上會少了很多憂鬱症和打官司的人。」

老朋友說的沒錯，網路上的比較心態，的確徒惹許多事端。不過這些社群工具確實也幫助了不少小人物出頭天，端看個人怎麼使用了。

我不喜歡探人隱私，不過聽起來老朋友的女兒似乎不像臉書上呈現的那樣幸福完美，可能真有不足為外人道的隱情吧！

結果這次，老朋友要來問我這個保險的細節時，自己就吐露了背後的真相。原來當時她女兒是先有後婚，擔心孩子沒有一個正常的家庭，所以匆匆辦了婚事。而新郎其實結婚時經濟狀況不好，還有一些卡債，結婚的開銷還是女方這邊出的。

「我女兒還那麼年輕，就把自己的人生葬送在一個這樣的男人手上，不知道她的未來該怎麼過？」

「可能她真的很喜歡那個男生吧，而且男生當了爸爸之後，或許就會努力賺錢養家了。」

「我是沒這麼樂觀，我看他工作一個換過一個，嘴巴倒是很厲害，想法講一堆，但執行起來都三分鐘熱度。我怕我女兒受委屈，想幫她存一些錢，可是又怕直接給她會被她老公拿去用，所以想用保險的方式幫她存，結果保險業務員說我女兒嫁出去了，跟我之間沒有保險利益，所以不能做這張保單。」

我理解這位老朋友的用意，臺灣女生很多的確是重情重義，嫁給一個人就覺得對方是自己的全部，身家都奉獻出來。我以前在事務所就看過不少案例是太太回娘家借錢給老公週轉，結果離婚的時候，老公還不出來，都不知道這筆帳要算誰的。

老朋友大概了解自己女兒的個性，希望給女兒的錢先用保險綁住，不能隨時提用，以免進了女婿的口袋。

「保險法的確有跟保險利益相關的規定喔！主要是讓保險回歸分攤風險的功能，你是要保人，也就是成立保險契約的人，必須被保險人對你有保險利益，法律認為才符合保險的宗旨。出嫁的女兒必須要證明有在扶養你，對你才具有保險利益。我知道你不想把錢給女兒，讓她自己去簽保單，也是不希望她隨時解約，錢拿回來被女婿拿去用吧？」

「對啊！我女兒傻乎乎的，我女婿講什麼話她都聽，到底什麼時候才能學會為自己想？」

「其實保險有很多種，你可以跟你的保險顧問多討論。如果你的女婿財務狀況一直不好，也不夠努力，你可能要讓她找律師討論一下，先設好防護線，免得以後連小孩的教育費都有問題。」

其實在財產規劃的領域，包括家庭成員之間的關係、性格，都要列入考慮，背後的動機和考量一定要跟信任的顧問說清楚，才能真正達到規劃的目的，像是某個孩子特別浪費或不孝，或是分財產時不想按法定的方式去分配等等，都可以在規劃保單時先討論好並做好選擇，多方了解才能買對保險、做對規劃。

「我想我還是先幫她多做點準備好了，免得她哪天回娘家求援。」

我心想，有這種媽媽真好！我也是有個什麼都為我著想的娘家，真的很感謝有娘家可以讓我們依靠。

彭律師・這樣說

即使知道保險的重要，但對許多初入社會的年輕人來說，他們在經濟上剛剛獨立，或許都還沒有規劃好保險的預算，心想自己每個月綿薄的薪水，光繳租金、餐費及交通費就很緊繃了，哪有閒錢去買保險？

我當年剛出社會時也深有體會。小時候我媽就替我買了一堆保險，醫療相關如手術費、住院日額、實支實付，還有意外險等等近十張保單，當初想說保費都是父母在繳，沒想那麼多就在保單上簽名，直到出了社會工作由自己負擔保費，才知道父母已經默默幫我付了這麼多錢，也開始煩惱付不出來的話該怎麼辦。

這裡還是要向大家宣導一下，就算是未雨綢繆，也要量力而為。做好事先規劃，合理分配手上的資源，才是兼顧生活保障及生活品質的雙贏之道。

「保險利益」是什麼？

買保險和買菜不一樣，菜可以這餐吃完不喜歡下次就換別家，但保險不能亂買，因為其中牽涉到人身性命安全的問題。就像前述故事中的媽媽想幫出嫁的女兒買保險，卻因缺少保險利益而被拒絕，其背後目的就是為了避免道德風險。

道德風險是指在契約簽訂後，要保人握有的資訊比被保險人充分，而存在資訊不對稱的狀況，要保人很可能為追求自身利益而做出損害被保險人利益的行為，最常聽聞的就是為詐領保險金而背地裡幫親人買高額保單再將親人殺害的例子，所以保險法規定，由他人訂立的人身保險契約，必須經過被保險人書面簽名同意才會生效，以此防堵可能產生的道德風險。

此外，除了由他人訂立人身保險需經過被保險人書面簽名同意外，由他人為被保險人訂立人身保險，還必須具備「保險利益」。所謂保險利益，是指要保人對於被保險人具有法律所承認的權益或特定的利害關係。

保險法規定要保人對以下各類人的生命或身體有保險利益，包含：

一、本人或家屬。

二、生活費或教育費仰給之人。

三、債務人。

四、為本人管理財產或利益之人。

除上述四種類型之外，皆會因要保人對被保險人不具保險利益，而無法替被保險人投保人身保險。前述故事中的媽媽與出嫁的女兒之間，並不屬於上述四種關係之一，故被認為兩者沒有保險利益，無法投保。

一般人對此可能會覺得奇怪，女兒出嫁了還是有親子關係，母女間不就是家屬關係嗎？這也是保險業務員很難對保戶解釋清楚的地方，最後往往要來事務所才從律師的口中得到解答，因為保險法所稱的家屬，與民法所稱血親規定的範圍略有不同，家屬僅限於尚未出嫁而同住之兒女。雖然這樣的規定看似不通情理，有些女兒出嫁後與娘家關係還是很密切，和先前同住時並無不同，但也就是為了避免產生道德風險，不得不在有特定利害關係時劃出一道界線。

道德風險的雙重防衛機制

從上述的說明可知，並不是所有人都可以替同住家人購買人身保險。這也讓我想到一部電影《不能沒有你》（戴立忍編導，二〇〇九年），劇中主角李武雄的前女友在生下女兒後不知去向，事後才知道前女友與他人有婚姻關係，所以在法律上，他女兒的父親是前女友的丈夫。李武雄與女兒在血緣上雖是父女，但就法律層面來看，他們沒有任何關係，甚至女兒屆滿入學年齡後也無法替她辦理入學，產生了一連串問題。以李武雄為例，劇中如果他想為女兒買壽險保單，也會因為並非家屬關係，沒有保險利益而遭到保險公司拒絕。身為父親連想要幫女兒買一份保險都做不到，這是多麼悲傷的故事。

被保險人的書面同意及保險利益的要求，在英美法上稱做防止道德風險的兩大防護體，又稱作雙重防衛機制。在這兩大機制運作下，大大降低了可能產生的道德風險，如此才能使保險本身目的發揮功效。

順帶一提，在大陸法系國家，認為由他人訂立之人壽保險契約，僅需得到被保險人書面同意即可，要保人對被保險人不需具備保險利益。我國大部分的法律都是以大陸法系國家（如德國、日本等）規定為基礎，但也有少部分法律是採英美法的體系，像是我國保險法就是參照英美法系國家的保險法規定而制定，所以在財產保險及人身保險均肯認有保險利益規定適用。

保險的本質是一種事先安排，可分為死亡保險及生存保險。死亡保險是為身故後遺留下來的家人做準備；生存保險則是為將來年老的自己做準備。任何人都無法預測自己壽命的長短，擔心自己哪天出了意外，沒來得及照顧身邊的人，或者是活太久要一直拜託身邊的人來照顧，也是一種煩惱，面對這些風險，就可以考慮透過保險或儲蓄來因應這些不確定的未來。

現今保險商品琳瑯滿目，不再局限於損失填補的功能，大家可以考慮以保險作為老年生活的穩定供給來源，也可以用保險替子女預留將來的財富。

第11課

以無私的愛取代爭產亂象——將保險作為財產規劃

朋友的一位晚輩依依來家裡跟我請教贈與稅的問題。我當然不是稅務專家，不過前幾年因為考了一張保險業務員證照，順帶修習了一系列財產規劃課程，所以約略有些了解。

還記得當時上課最顛覆我以往的觀念的是，我們一般會以為拿到錢的人應該繳稅，所以贈與稅應該由受贈人繳納，但剛好相反的是，依遺產及贈與稅法第七條，贈與稅的納稅義務人其實是贈與人，只有在贈與人行蹤不明或應該繳納的贈與稅款超過繳納期限未繳，而且沒有可供執行的財產，或是贈與人死亡時贈與稅還沒有核課時，才會以受贈人為納稅義務人。

為什麼會跟依依聊到贈與稅的問題呢？

聽朋友說，依依從小父母就不在了，由奶奶扶養長大。她的父母結婚得早，很年輕就有了依依，經濟狀況都不穩定，常常為錢吵架。有一天吵得很厲害，依依的母親氣到離家出走就再也沒回來了。而依依的父親為了維持家計，說要到別的縣市工作，後來很少回家，年幼的依依和奶奶住在一起，沒有父母的疼愛，常常失落的一個人坐在家門口，等著有一天爸媽會回來找她。

依依的叔叔、伯伯、姑姑們都很心疼依依，也會輪流照顧她，有時候奶奶的身體狀況不好，他們會接依依去家裡住。她的小叔叔沒有結婚也沒孩子，對她更是百般照顧，常常送禮物給她，也偶爾會帶她出去玩。雖然沒有父母在身旁，依依從小還是在充滿關愛的環境長大。

後來，依依的父親在異鄉過世了，她父親一直窮困潦倒，雖然偶爾會寄點小錢回來給奶奶，但多數時候都音訊全無。或許是自覺拖累家人，也沒有顏面回家。依依一直到父親過世之前，見到父親的次數寥寥可數。

而最照顧依依的小叔叔一直很想代替她父母留給她一點什麼，但小叔叔自己經濟狀況也普通，於是想到可以用保險的方式，將自己的保險受益人填上依依的名字，希望讓依依有個嫁妝，擁有娘家的依靠。

就在依依剛出社會準備開啟新的未來時，傳來了壞消息。小叔健檢時發現了惡性肝腫瘤，而且長了不只一顆，癌細胞擴散了，病情來得又急又猛。

臨終的那段日子，依依一直陪在小叔叔身旁，小叔叔在那時告訴依依，自己的生命有限，想跟依依商量改掉保險受益人。

「你從小就獨立，雖然爸爸媽媽不在身旁，你卻很爭氣，讀書不用大家煩惱。現在出了社會，找的工作也穩定。我知道你有能力把自己照顧得很好。你知道大姑姑沒有孩子，大姑丈也不在了，她年紀那麼大，比你更需要依靠，所以我想把我的身故理賠金給她，讓她有錢養老。我另外買了一份金飾，就當作以後你結婚時的禮物。」

依依完全沒有意見，因為在她眼裡，這些從小疼愛她的叔叔、伯伯、姑姑都是她最親的家人。

在那之後，小叔叔病情急轉直下。離開的前一天，還特別找了保險業務員到醫院處理變更受益人的事。

但是在辦完小叔叔的後事、家人申請理賠時，保險公司對於變更受益人卻提出了異議。他們認為小叔在身故的前一天變更，當時已病重，無法認定這是小叔叔自己的意志，所以變更無效。這筆理賠金最終仍然給了依依。

依依來找我時說：「我覺得還是應該依照小叔叔的意思，把理賠金拿來照顧大姑姑，所以我想直接轉匯給大姑姑。但是，有人說這樣會有贈與稅的問題，可能需要注意一下。」

「的確喔！因為這筆錢在法律上已經算是你的了，你全部一次轉給大姑姑，就會有申報贈與稅的義務。不過，贈與人在同一年度內贈與他人的財產有免稅額兩百四十四萬元，建議你可以分年贈與，或者是乾脆你就拿來當作未來扶養大姑姑的基金好了。」

其實依依問我的這件事並不難處理，但是這個意外的插曲，也讓人看出了這家人之間深厚的情感。這樣彼此無私的愛，比起許多爭產鬩牆的糾紛亂象，令人窩心多了。

現今社會因財產規劃風氣的興起，以及各種理財工具的便利，大家開始有意識的早早將自己兜裡的幾個子兒，妥妥的安排到入土為安那一刻，不像過去總要等到臨近遲暮才開始煩惱財產如何分配。身為新時代的上流老人，利用保險來替孩子預留將來的財富，算是一種簡單又聰明的選擇，還可以規避列入遺產稅，達到節稅的效果。

前面第九課提到的年金保險，是以被保險人生存為給付條件給付保險金給被保險人，而這一課提到小叔叔以依依為受益人的保險，則算是死亡保險，是以被保險人在承保期間內死亡為給付條件的保險。

那麼問題來了，如果死亡保險是以被保險人身故為理賠條件，那麼保險金應該要向誰給付呢？是如同遺產一樣死後財產由繼承人受領，還是可由要保人或被保險人指定受領的對象？

聰明的讀者想必知道答案是後者，而被指定享有保險金請求權之人即稱作保險受益人。按照保險法定義，所謂保險受益人是指由被保險人或要保人約定享有賠償請求權之人，要保人或被保險人本身也可以是受益人。

以保險做規劃的兩大優勢

死亡保險的身故保險金作用其實與遺產相似，都是被保險人或被繼承人離世後希望可以為後人留下的財產，保障他們有一定的經濟基礎，但不同的是，保險理賠金較遺產有兩大優勢。

一個是要保人或被保險人可以任意指定屬意的保險受益人，不受民法繼承人規定的限制，在受領對象上具有更高的彈性。可以約定由繼承人按照比例受領保險金，也可以約定將全部的保險金單獨由其中一位繼承人受領，此時亦不受到特留分規定的拘束，保險受益人能完整受領保險金。

因為保險金並不是被保險人的遺產，依照契約自由原則，可以由要保人自行指定，在一定程度上保險契約受益人的指定，能比遺囑做到更完全依照被繼承人心意分配財產的效果。

再者就是保險金理賠不會被視為遺產，故不會被列入遺產稅或贈與稅額之計算範圍內。在要保人與被保險人同屬一人的情況下，約定兒女為保險受益人，就不會有被課徵贈與稅的問題。

但是要特別注意，如果要保人與被保險人為不同人，約定以兒女為保險受益人的情況，或者原本要保人是自己，中途將要保人變更為兒女，且約定兒女為保險受益人的情況下，則符合遺產與贈與稅法中規定的贈與行為，該筆保險金就要申報列入贈與總額，如果當年度的贈與總額超過兩百四十四萬元，仍然要課徵贈與稅。

用保險契約指定受益人代替遺囑有以上的優勢，所以來事務所找我諮詢遺囑的民眾，也時常會問我有沒有其他方式能夠將財產留給子孫。如果是尚屬青壯年且有穩定的現金流，我會建議可以嘗試以購買保單的方式替小孩買保障，但是如果身上沒什麼存款、名下只有不動產的客戶，因為不動產不好變現，就不特別推薦去購買保單作為財產規劃分配的方式。

投保前先注意保險利益是否有影響？

在前一課我們討論到保險利益的定義及存在的意義，是為避免拿別人的生命或身體當作賭注，進而產生道德風險，故在人身保險要保人與被保險人為不同人的情況下，會要求要保人對於被保險人需具有保險利益，才能替被保險人投保。那麼在要保人與被保險人、保險受益人均為不同人的情況下，保險受益人是否對於被保險人也需具備保險利益，保險公司才會願意受理保單？

目前我國保險實務上，答案是否定的。保險受益人對被保險人不需具有保險利益，因為在一份人身保險契約中，要保人及保險人（保險公司）是契約的當事人，被保險人是保險標的，而保險受益人單純只是保險事故發生後，享有賠償保險金請求權的人，既不是訂立契約的當事人，也沒有指定被保險人或保額的權限，這樣看起來保險受益人的存在與否並不會影響保險契約成立。

講白一點，保險受益人只是當被保險人身故後被動的接到通知，說有一筆保險金理賠可以領，甚至在此之前都不知道自己是保險受益人的也大有人在。如此情況下，保險受益人似乎缺乏為取得保險金而對被保險人為不利行為的動機，再者，我國保險法僅明文規定要保人需對被保險人具保險利益，保險受益人並未有相同的規定，所以支持保險受益人無需對被保險人有保險利益的學者，基於以上兩點原因主張保險受益人不需有保險利益。

至於持反對說的學者認為，我國保險法採用英美法系制度，英美法系為有效防止道德風險，亦要求保險受益人對於被保險人需具有保險利益。即使保險法沒有明文規定，保險受益人與被保險人之間仍推導出需具有保險利益，特別是保險受益人才是最終保險利益的享有者；相比之下，要保人並無享有最終的保險利益，卻被要求必須具有保險利益，因此享有最終保險利益的保險受益人自然也要具有保險利益才行。

總而言之，律師建議，在購買保險替兒女預做未來保障時，要先與保險業務員討論並審慎評估，避免出現替出嫁女兒投保但因缺乏保險利益而被拒保的情形喔。

能否變更受益人？

最後或許大家會有疑問，當約定好保險受益人後，是否還能變更人選？或最晚要在何時之前變更受益人？

以依依的叔叔為例，叔叔在過世前一天才變更受益人，因為無法確認叔叔的心智狀況是否正常，因此被保險公司否准了變更受益人的申請。在我的執業過程中，也常碰到客戶詢問之前買了一張保單受益人是前妻，我可以把她從保險受益人名單上換掉嗎？又或者原本保單受益人是三個小孩，但其他兩個小孩都很不孝，只有老大比較好，能不能把保險金都給老大？

剛好我在當律師前曾擔任過人壽保險的業務專員，這方面知識是有的。依據人壽保險單示範條款[1]規定，於訂約時或保險事故發生前，要保人得經被保險人同意後變更受益人，並請客戶確認自己是否同時也是被保險人，否則需要請被保險人簽名同意後，才能變更受益人。

另外也曾有客戶跑來問我，她的父親已受監護宣告，由弟弟擔任監護人，父親早年買了壽險並指定她為受益人，弟弟可以以監護人的身分將受益人變更為他自己嗎？

依規定，監護人在監護權限內是受監護人的法定代理人，理論上可以代為申請變更受益人。我後來查閱過其他案件的法院判決才得知，如果對於受益人變更有爭議，法院都是採取綜合客觀情形判斷，對於受監護人之財產，若不是為了受監護人的利益考量，監護人不得代為處分。以前述故事為例，如果由叔叔的家人出面代理變更受益人，可能會因為涉及財產分配問題才去變更保單受益人，綜合情況判斷，應認為並非是為叔叔利益，同樣會被法院認定不得代為變更受益人。

---

1. 人壽保險單示範條款第25條第2項：要保人得依下列規定指定或變更受益人，並應符合指定或變更當時法令之規定：一、於訂立本契約時，經被保險人同意指定受益人。二、於保險事故發生前經被保險人同意變更受益人。

PART

4

離開前的叮嚀囑咐

遺產分配並非單純的數學題目，
不是套用民法的公式就能得到完美無缺的解答。
預立好遺囑，做好安排，
讓遺產可以細水長流、達到最有效的利用，
才是留給繼承者們最好的禮物。

第12課

別讓金錢成為傷害家庭情感的利器——遺產分配與預立遺囑

「你記得那個常常來我們家吃飯的許伯嗎？」那天阿富律師滑手機滑到一半，突然抬頭跟我說。

「記得啊！他每次來我們家吃飯都是西裝筆挺的，七十幾歲的人，看起來還是玉樹臨風、風流倜黨的，呵呵！」

阿富律師因為喜歡研究美食，前兩年把供應事務所員工餐的廚師產能釋放出來，開了一家私廚料理，所以現在我們常常要招待一些周邊人脈圈的聚餐，許伯就是其中一位常客。雖說阿富律師的客人中，名流顯要都不少，但許伯就是有著異於常人的紳士氣度，身上的衣物從來都是光鮮亮麗，散發著老派的優雅，笑容裡也總是有著長者的風範，所以讓我特別有印象。

「他不在了耶！」

「怎麼會？他看起來身體很硬朗啊！走路講話都看起來不像他的年紀，感覺可以活到一百歲啊！」

「聽說是酒後和人家發生衝突，出了意外。詳情我也不知道，等他太太來跟我開會我再問問。」

近年我們身邊真的不少這樣的例子，前不久還跟我們聚餐聊天的人，隔一陣子卻接到令人遺憾的消息，或許是我們自己也有一定的年紀了，意外不再是那麼讓人意外。

聽阿富律師說，是許伯的太太打電話來詢問遺產分配的問題，他才知道許伯已經不在人世了。

許伯太太說，她和許伯有四個子女，平常都是她在持家，許伯幾乎不大管家裡的事，自己賺的錢都盡情享受揮霍，還好家裡有一些祖產可以收租，所以許伯的太太靠著每個月收到的房租及跟會來維持家計。

隨著年紀越來越大，她曾經幾度想跟許伯討論家中資產的傳承問題，希望許伯能夠提早寫遺囑說清楚，只是每次一開口，就被許伯喝斥她在詛咒自己。

許伯跟太太說，當年自己的父親在世時都是口頭告知子女要怎麼分財產，雖然兄弟間也有人覺得分得不公平，但礙於長幼有序及傳統孝道的觀念，父親的分配大家也不敢有異議，所以許伯認為自己的財產想怎麼分，旁人沒有插嘴的餘地，等他要閉眼前再來交代就好。

許伯退休之後，平常一起喝酒的哥兒們不是生病就是離世，許伯的生活頓時失去重心。有一次在朋友建議下開始投資股票，開啟了瘋狂追股的退休人生。許伯迷上股市後，即使慘賠數次，還是深信自己能再翻身。過沒多久，用來養老的幾百萬退休金就沒了，加上小兒子成家時的房貸他也支出不少，養老金所剩無幾。

有一天晚上，許伯的太太一如往常的準備晚餐，不料卻接到一通電話說許伯在醫院需要急救，事後聽說是因為許伯酒後與人發生衝突，被發現時倒臥在男廁裡，經過急救仍回天乏術。

許伯突然離世沒留下任何交代，關於後續遺產的分配，許伯的太太也不知道該怎麼處理，結果因為許伯生前曾經給女兒嫁妝、幫兒子出房貸等等舉動，讓子女對如何分祖產吵到幾乎要決裂。

許伯的太太說：「孩子們要我找律師幫他們做公平的處理，不然就只好上法院談。」聽說她在向阿富律師諮詢的時候，不停後悔自己當初應該堅持要許伯提早處理身後事。但她現在只能眼看著子女爭產，徒呼負負。

其實，我們在事務所遇到的類似案例不少，有些人就連已經寫好遺囑，都還有子女們覺得不公平而鬧上法庭。

時代已經不同以往，我們不該再因忌諱而不去思考或執行身後事的處理，否則都是為子女埋下未來走上法庭的隱憂。

建議大家可以在中壯年階段，就開始找律師及相關專業人士規劃一下養老及傳承事宜，別讓金錢變成殺傷家庭情感的武器。

在現今社會，長輩們似乎對於死亡、遺產、身後事等議題仍然抱持相當禁忌的心態，總認為來日方長，子女間也和和氣氣，好像沒什麼誘因需要預立遺囑。然而，所謂的「和氣生財」、「家和萬事興」，有可能只是表面的和平，當家中長輩仙逝後，面臨龐大的遺產利益，有多少人真能把倫理道德、尊卑親疏奉為圭臬呢？

在法律諮詢的過程中，遺產糾紛往往是常見的案件類型。雖然民法上關於繼承人之間的權利明定了應繼分的制度、繼承優先順位，以及可分得遺產的比例分配，然而遺產案件並非單純的數學題目，不是套用民法的公式就能得到完美無缺的解答。

預立遺囑是對的選擇？

以許伯的案例來說，因為他生前已經因子女結婚、分居而有贈與財產的情況，照理來說，子女受贈的款項是要全數列為遺產範圍，再按照應繼分去分配，但是贈與的原因很多，可能許伯是因為股票賺錢或子女剛好討他歡心就匯款給他們，很難證明是因為結婚、分居而給的，在法律上還是有一些舉證需要提出。在這種情況下，因為許伯沒有預立遺囑事先交代，子女很容易認為遺產分配不公，造成彼此間的嫌隙與怨懟。這種狀況下不太可能透過協商的方式擬定大家都滿意的遺產分割協議，往往只能透過提出分割遺產訴訟，讓親人們對簿公堂、解決紛爭。

看完這個案例後，回頭想想，你會選擇不預立遺囑，等到人走了之後讓下一代花錢繳納裁判費、律師費，並因訴訟程序奔波數年嗎？還是應該選擇預先請律師撰擬、請公證人公證遺囑，把本人對於遺產分配的真意清楚寫明，讓下一代免受訴訟之累？

我相信後者對你來說才是既省錢、又可以讓後代子女心服口服的選項吧。

預立遺囑的優點，除了讓遺產避免下一代受訴訟之累，徒生勞力、時間、費用等無謂成本以外，也可以先讓子女知道自己與他人之間有哪些債權債務關係，例如：借名登記財產給他人、與他人之間有借貸尚未清償，或是自己的財產由他人代管等等，讓繼承人對自己的財產狀況有清楚的了解，未來才知道該爭取哪些權益。否則很多子女沒有和父母一起住，很難知道父母的實際財產狀況，或是與他人之間有哪些恩怨糾葛。

再者，如果希望下一代可以好好使用財產，避免一夕之間因為繼承而只會揮霍或不事生產，也可以透過遺囑信託的方式，妥善分配遺產配額。例如可以約定將不動產逐年過戶給繼承人，避免直接過戶後，馬上拿去貸款或出售。

如果遺產是存款，也可以設定每年、每月分配的額度，例如每個月只能領取基本生活所需的額度，讓遺產可以細水長流，達到最有效的利用，避免繼承人鋪張浪費，導致前人的努力一夕間化為烏有，演變成「富不過三代」或家道中落的局面。

預立遺囑的步驟與程序

說到這裡，你是否也開始思考要如何規劃自己的遺產分配了呢？如果對於怎麼開始毫無頭緒，以下建議幾個步驟，希望能幫助你梳理整個程序喔！

一、了解自己的財產有哪些：一般人可能會不清楚或忘記自己名下有哪些財產，或是在哪些銀行機構開戶過。最簡便的方式就是本人或委託他人，至國稅局調閱自己的財產、所得清冊，初步了解名下財產的不動產坐落在哪裡、持分多少，以及有在哪些銀行機構開立帳戶，甚至持有的股票也可以一目了然。但如果是民間、親友間的借貸或其他借名登記等，就要特別確認有沒有書面立約，或是有無其他間接證據得以證明雙方間債權債務關係。

二、撰寫遺囑：在了解財產狀況後，就能開始規劃遺囑內容及遺產分配。遺囑內容必須符合民法所列的法定要件。建議可以委託律師撰寫，以免因要件不符，導致遺囑無效，或是因為文字用語模糊不清，造成繼承人對遺囑的解釋有出入，日後衍生訴訟紛爭。

三、公證、見證或信託：公證其實並非遺囑有效的必定要件，但經過公證的遺囑，由於是先經由公證人確認立遺囑人的身心狀態，因此日後遺囑的效力比較不會受到質疑。另外，如果是公證遺囑、密封遺囑、代筆遺囑、口授遺囑都需要有見證人全程在場並簽名才有效力。倘若希望遺產可以有更為彈性的利用，可以再跟銀行、信託機構簽署信託契約，規劃更符合自己理想的方案。

第13課

手足情誼，一輩子的課題
——遺囑與特留分

「我知道錢並不代表愛，不過看看我媽一直以來對我做的，還是忍不住會覺得她就是比較愛弟弟。我的付出對她來說，根本沒有價值。」

小嫻已經不是第一次跟我聊她的家事了，每次只要她的母親做了什麼偏心的事，她總會義憤填膺或略帶感傷的向我傾訴她的委屈。

小嫻的母親在三十幾歲時生了小嫻和她的弟弟，因為先生外遇離了婚，就一直單親扶養孩子長大到現在。眼見小嫻都四十幾歲了，她母親也邁入風燭殘年，這幾年時常進出醫院，都是小嫻在照顧和支出醫護費用。

小嫻從小就獨立，我認識她的時候，她開了一家咖啡館，生意還不錯，後來她又經營一些網購事業，生活還算優渥。雖然沒結婚，但是日子過得挺愜意，唯一的不順遂就是總處在母親偏心弟弟的情結中過不去。

「有一年過年，我包了特別大包的紅包給她，結果我一轉身，她就把紅包拿給我弟，說要資助他繳房貸。氣死我了！我的錢也是辛苦賺來的，她為什麼就只心疼弟弟，不會心疼我呢？」小嫺對我抱怨著。

印象中，小嫺的弟弟事業一直不太順利，雖然已經娶妻生子，個性也還不太穩定，加上小嫺的弟妹沒有在上班工作，有時候還會找小嫺週轉。

「父母的心態都是這樣啦！希望每個孩子一樣好，如果你今天過得不好，我相信你母親也是會特別照顧你的。」我安慰她說。

「可是那是我弟弟自己個性造成的結果，他做事沒有耐性，遇到一點挫折就放棄。吃苦的工作他說做不來，有壓力的工作他說不適合，所以事業一直都沒什麼起色。我從小陪著我媽吃苦，什麼糟糕事沒遇過，生活中除了付不出帳單是苦，其他我都覺得沒什麼不能忍耐的。」

的確，自認識小嫺以來，就看著她從事業到家庭遇到不少鳥事，但是她總一肩擔下，做母親最安心的依靠。如果不是她，我想小嫺母親的單親之路恐怕會辛苦好幾百倍。

幾年前，小嫺的母親突然身體不適，檢查出是胃癌，後來開始化療及一連串的治療，進出醫院多次，而且在那之後，體力也每況愈下。前不久聽小嫻說，她母親想要好好為自己的後事準備，就找小嫻與弟弟商量。

「結果，前幾天她居然拿出一份她請律師立的遺囑，上面寫的所有財產都要留給我弟，我看了真的心灰意冷。她也不想想這幾年我拿了多少錢給她，她生病都是我在照顧。她這樣對我，真讓我懷疑我不是她親生的。」

我能理解小嫻的感受，以前就聽她說過不少童年往事。據她說，她的奶奶家非常重男輕女，小嫻的母親第一胎生了她，前夫就因為她沒有生兒子，加上來自家族及輿論壓力，便開始與她漸行漸遠，婚姻就這樣搖搖欲墜多年。隔了多年，她總算生了一個兒子，這才讓小嫻的母親在前夫家中地位瞬間改變。不過在小嫻國中時，他們才知道父親早在婚姻有狀況的期間就有了別的伴侶，甚至還生了兩個兒子。小嫻的母親完全無法接受，毅然決然選擇離婚，帶著姐弟倆離開前夫家。

剛開始，一個女人帶著兩個孩子生活真的很辛苦，直到小嫻出了社會工作，開始擔起責任養家，也支付弟弟的學費及家中部分開銷，她母親總算有了新的依靠。

「我覺得我媽是把對我父親的愛都轉嫁到我弟身上了，我在她心中根本就沒有一席之地。但是我聽說即使是被繼承人，也不能決定把所有財產給同一個繼承人不是嗎？」

「的確是有特留分的問題。不過，難道你想因為這件事情去提告弟弟嗎？如果你母親過世，他就是你唯一的家人了。」

我知道小嫻是捨不得的，而這個與弟弟之間的手足矛盾，或許就是她一輩子的課題吧。

在律師執業期間，我們免不了會遇到不少民眾像小嫺的媽媽這樣，希望透過預立遺囑的方式把遺產留給最珍愛、甚至偏愛的親屬，又或者是因為和家人相處不睦，希望把財產全數留給毫無親緣關係的第三人。

遺產的應繼分與特留分

由於遺產是立遺囑人用盡一生拚命掙取的豐碩成果，立遺囑人當然享有決定遺產如何處分、分配的權利，這也就是「遺囑自由原則」的內涵。然而，立法者為了保障立遺囑人在世其他親屬的權益，以小嫺的故事為例，為保障小嫺身為女兒長年照護、扶養、陪伴媽媽的權益，因此特別訂立「特留分」的制度，讓小嫺的媽媽對於遺產分配，無法全然恣意的分配。

在沒有預立遺囑的情況下，民法規範有「應繼分」的制度，也就是遺產會按照繼承的順位分配。在配偶和子女尚存的情況下，遺產會由全體平均分配；

在配偶與父母或兄弟姐妹尚存的狀況下，配偶的應繼分是二分之一，其餘二分之一由父母或兄弟姐妹均分；當配偶與祖父母同時尚存，配偶的應繼分是三分之二，其餘三分之一由祖父母均分。

但是，在有立遺囑的情況下，按照遺囑自由原則，就不適用民法應繼分制度。不過立法者為了避免有像小嫻媽媽這般重男輕女的心態會侵害小嫻的權益，因此民法設計了「特留分」的制度。即便小嫻的媽媽在遺囑中記載所有遺產由小嫻的弟弟單獨繼承，小嫻仍然可以保有應繼分一半的特留分權益。

民法關於特留分的數額有非常清楚的規定，配偶、子女、父母的特留分是應繼分的二分之一，兄弟姐妹、祖父母的特留分是應繼分的三分之一。

附帶一提的是，如果遺囑的內容違反特留分的話，並不會影響遺囑的效力。基於保障立遺囑人的意思自主，以及自由決定財產處分的權利，即便遺囑違反了特留分的規定，仍然是「有效」的，因此小嫻媽媽的遺囑是有效的喔！

保障自己權益要注意期限

假若小嫻認為遺囑的遺產分配方式不公平，侵害了自己特留分，且小嫻的弟弟不願意返還部分遺產，那麼小嫻就可以向弟弟行使「扣減權」，提出「返還特留分」的訴訟來保障自己的權益。需特別注意的是，為了避免遺產分配事宜懸宕過久，導致按照遺囑取得遺產之人在多年後突然遭到突襲式的提出訴訟而影響財產的使用與交易，因此關於「扣減權」的行使期限，目前法院多數認為只有兩年時效，所以，一旦小嫻知道遺囑內容侵害自己特留分時，就要在兩年時效內提出訴訟。如果小嫻沒有跟媽媽同住，或是小嫻不知道媽媽有遺囑，則最晚小嫻要自媽媽辭世後的十年內提出訴訟，一旦超過期限，等同是讓自己的權益睡著，到時候要再主張恐怕就回天乏術了。

人類是情感的動物，因此對於每名子女的財產配置，本來就難以期待有著絕對理性、公平、公式化的分配，否則每個人都是財產分配的數學家與法學家，那麼民法本身或許就沒有存在的必要性了。

我在律師的執業過程中，遇過許多民眾希望遺囑能盡量滿足自己的期待來分配，但是我們律師能做的，就是妥善的勸諭並協助利弊分析，建議民眾在立遺囑的程序上盡量公允，避免後代子女因而心結四起，導致纏訟多年。這樣為了自己私慾而影響家庭成員間的情誼，即便法律上有特留分的規定，恐怕也留不住情分了。

第14課

為「沒有遺憾」而乾杯——拋棄繼承

「我還是把那份聲明狀寄出去了。」心怡那天傳了這樣的訊息給我。我知道她說的是拋棄繼承那件事。

「很棒啊！放下是件好事，代表你做好功課，準備去過你下一階段的人生了。」這陣子，我知道心怡為了這件事一直睡不好，一方面當然是母親離開人世的傷痛，另一方面則是相對矛盾的親情糾葛。

心怡的母親秀美阿姨是個很傳統的上一代女性，年輕的時候因為生了心怡，被婆婆嫌棄沒生兒子，就一直四處求祕方，後來婆婆又慫恿心怡的爸爸離婚，另外找個太太幫家裡傳宗接代，讓秀美姨為了被認同用盡各種方式想要再懷孕，身體也變得不太好。

好不容易十年後終於有了第二胎，生了心怡的弟弟覺得可以揚眉吐氣了，才發現先生已經在外有了另一個家。這時婆婆又跟她說，只要她有兒子，她就是家裡認定的正門媳婦，因此，秀美阿姨始終覺得，心怡的弟弟是她留住丈夫的保命符，所以特別偏愛兒子。

我認識心怡的時候，常常覺得她總是對別人比對自己好，偶爾也會念念她，但她總改不了這個為別人犧牲奉獻的習慣。過去我自己曾去上了一些心理學的課程，發現她這樣的行為模式可能是來自從小她母親就給她一個「別人比較重要」的思維與觀念，導致她的自我價值感一直很低。

只是，人被愛的需求畢竟是存在的，在心怡的事業發展越來越好，也越來越被身旁的人重視後，她也感受到自己累積的不滿，漸漸的會向秀美阿姨抗議。

「我跟我媽說，都是因為她讓我覺得自己不值錢，所以我在跟男生相處時總是委曲求全，始終遇不到好男人。我想我這種自我貶低的態度，就算好男人也都被我慣壞了。」

心怡說得沒錯，我真心覺得母親看待女兒的態度會深深影響到女兒看待自我的心態。如果這母親讓女兒覺得自己沒價值，這些女兒長大後也會對自己不夠好。

幸好後來心怡事業發展得好，也有自我覺醒。現在的男友很寵她，也欣賞她的才華，心怡也開始會向秀美阿姨爭取自己應得的愛。

只是三不五時，心怡還是會找我抱怨，她幫母親繳房貸，也常在母親生病時不分日夜的陪伴，母親卻始終惦念著弟弟過得好不好、需不需要幫忙。到底什麼時候母親才會明白，自己是真正對母親好的人？

其實心怡的弟弟不壞，只是從小被秀美阿姨寵溺，所以對家裡沒有責任感，很少問秀美阿姨需要什麼，偶爾回家打聲招呼就走。本來得過且過的親情糾葛，就在前一陣子秀美阿姨突然過世留下遺囑宣告後，讓心怡整個大爆發。

「我媽居然把所有的財產都留給我弟，叫我自己去辦拋棄繼承！她房子的房貸是我繳的耶！這筆帳我絕對不罷休！」可憐她這樣一個商場女強人，談判廝殺都沒在怕的，一輩子卻始終困在媽媽比較愛弟弟的情結中。

我聽她說了很多話，也讓她知道法律上的確有一定要留給法定繼承人的特留分，但，為了什麼要提告，我也請她一定要想清楚。

最後，她還是選擇按照母親的遺願，向法院遞出拋棄繼承的聲明。

「我媽為她的人生做選擇，那是她的錢，就算有一些是我給她的，給了也就是她的了。最重要的是，我沒有遺憾的陪伴了她走最後一段路，而且坦白說，如果不是她給我的資源這麼少，我也不會這麼努力。」

我們見面時，她拿起酒杯一飲而盡，為自己的「沒有遺憾」而乾杯。這是我第一次看到她不埋怨母親的偏心。

我為她的自我解脫感到很開心。說真的，把自己的身心照顧好，再為願意付出的人付出，永遠都是最安定自我內心的方式。

人類的情感是錯綜複雜的，付出的種種不見得會有等值的回報，何況親人辭世後，僅留下一紙遺囑，喜則這或許是滿載愛與祝福的最後一封情書，悲的是這可能是讓後人字字椎心痛苦的訣別信。

在心怡的故事中，她的一片孝心沒有得到秀美阿姨的感念，這份最後的遺囑中，母親把一切的愛都給了弟弟，雖然心怡與弟弟是手足血親，而且心怡長年來對母親的付出也不是為了換取遺產，但多年來付出的心力感覺完全沒有收到對等的回報。因此，回歸到特留分的立法目的，正是為了避免前述情況發生，立法者才會強行限制立遺囑人關於遺產決定的自由程度。

辦理拋棄繼承的程序

心怡知道遺囑內容後，如果仍然願意尊重秀美阿姨的遺願與意志，就必須辦理拋棄繼承。

按照民法第一一七四條規定，繼承人得於「知悉」其得繼承之時起三個月內，以書面的方式向被繼承人最後住所地的法院，提出拋棄繼承的聲請。所需要檢附的文件包含：

一、拋棄繼承的聲請狀（可以至司法院書狀範例的網頁，搜尋「家事聲請狀——聲請拋棄繼承准予備查」）。
二、被繼承人之除戶謄本及死亡證明書。
三、拋棄繼承人之戶籍謄本。
四、繼承系統表。
五、已通知因為聲請人拋棄繼承後，而成為繼承人者之證明（如繼承權拋棄通知書函或存證信函、回執）。

法院的審理作業期間約為收到聲請文件後三至六個月，待確認符合法律規定後，法院即會寄發載明「臺端拋棄繼承，准予備查」之函文給拋棄繼承人，如此才算正式完結拋棄繼承的程序。

不受拋棄繼承影響的項目

心怡辦理完拋棄繼承程序後，原則上秀美姨的遺產、債務即與心怡無涉，但拋棄繼承的標的只限於「遺產」範疇，在特定非遺產的金錢給付項目，仍不受拋棄繼承而影響，包含以下幾點：

一、犯罪被害補償金之遺屬補償金請求權：按照《犯罪被害人保護法》第三條規定，犯罪被害補償金是指國家依法補償因犯罪行為被害而死亡者之遺屬、受重傷者及性侵害犯罪行為被害人所受財產及精神上損失之金錢。因此該補償金是繼承人所享有的權利，並非被繼承人的遺產，因此不在拋棄繼承的範圍之列。

二、因汽車交通事故死亡之保險給付請求權或特別補償基金補償請求權：按照《強制汽車責任保險法》第七條規定，因汽車交通事故致受害人傷害或死亡者，不論加害人有無過失，請求權人（即同法第十一條的繼承人）得依向保險人請求保險給付或向財團法人汽車交通事故特別補償基金請求補償。其概念同上，認為該補償金是繼承人所享有的權利，也不在拋棄繼承的範圍之列。

三、勞工因職業災害而致死亡之喪葬費與遺屬補償金：按照《勞動基準法》第五十九條規定，勞工遭遇職業傷害或罹患職業病而死亡時，雇主除給與五個月平均工資之喪葬費外，並應一次給與其遺屬四十個月平均工資之死亡補償。其概念同前，該補償金請求權是歸屬於繼承人，不因拋棄繼承而影響請求權之行使。

四、有指定受益人，或是受益人欄位寫明為法定繼承人者：按照《保險法》第一一二條規定，保險金額約定於被保險人死亡時給付於其所指定之受益人者，其金額不得作為被保險人之遺產。因此於保險有指定受益人，或是寫明受益人為法定繼承人而沒有寫明受益人之姓名者，該保險金均不計入遺產，保險公司將給付身故保險金予指定受益人或是法定繼承人。但倘若死亡保險契約未指定受益人者，按照《保險法》第一一三條規定，保險金額作為被保險人之遺產，因此倘若繼承人已經拋棄繼承，就無法受領該身故保險金。

以上是心怡如果走拋棄繼承的途徑，將會需要留意的幾點事項。但倘若在秀美阿姨身故後，心怡的弟弟也體恤了姐姐於母親在世時的照護辛勞，即便遺囑寫明遺產均歸弟弟所有，但該違反特留分的內容應於心怡行使扣減權後失其效力，因此弟弟與心怡之後可另外以書面協議的方式，就侵害特留分之部分另行約定遺產分割方案。一方面尊重母親的遺願，一方面也保障了心怡的權益，免除姐弟日後對簿公堂的情感撕裂與訴訟之累。

但若是弟弟仍不願妥協，則心怡勢必只能循求給付特留分的訴訟途徑，透過法律明文保障的權利來捍衛自己長年付出的心血了。

第15課

依照自己意志做的最終決定
——遺囑的功能與內容

我還記得黃阿伯第一次來事務所的時候是一個人來的，斑白稀疏的頭髮，戴著一副老舊的眼鏡，說話的時候有點「怠速」，但表達能力還算清楚。

近年來我因為經營「娘子軍」婦女創業平臺，很少進事務所了，所以難得會在事務所碰到當事人。會對黃阿伯印象特別深刻，是因為這麼大年紀的人，通常來到事務所都會由子女、晚輩陪同，很少單獨前來，但黃阿伯不僅是自己打電話來事務所約時間，看到律師的時候還不疾不徐打開一張像對折了好幾次的白紙，後來我才知道，那是他自己寫的遺囑。

聽律師說，黃阿伯是想跟律師確定自己寫的遺囑有沒有效，如果兒女沒有事先知情，等他過世之後遺囑才公開，要如何確保遺囑會被照著執行。

黃阿伯的心情我們很能體會，多數長輩會擔心生前分配遺產，如果孩子覺得不公平可能會怨恨在心，甚至從此再也不回家的案例也大有人在。

律師為他說明了立遺囑的要件，以及遺囑可以公證跟指定遺囑執行人，所以不用太擔心遺囑不能被確實執行的事，也說了遺囑的內容如果違反特留分，繼承人可能會互相提告的法律規定。更讓人唏噓的是，遺囑即使按照法定要件立好了，也沒有違反特留分的規定，但後代子孫因為不服就直接提告遺囑是偽造的案例也不少，所以如果擔心子女在自己身後鬩牆互告，能夠事先溝通並讓他們理解，才是最好的方法。

沒想到黃阿伯居然聲淚俱下，嗚嗚嗚的哭了起來。「他們在我活著時都吵成一團了，我死了之後會互告也是預料之中的事。我只能告訴他們，遺囑放在律師那邊，大家都不知道怎麼分，誰讓我不開心，我隨時會去改遺囑，他們才乖乖的不在我面前吵，讓我圖個清淨。」

真的，不少遺囑放在律師事務所的老人家，考量都是相同的。老人家這麼做也是一種智慧，遺囑沒有公開，大家也無從吵起，再加上老人家以「我持續觀察中」為但書，的確可以讓許多後代閉上嘴巴。

至今，黃阿伯的遺囑還好好的躺在律師事務所，黃阿伯也真的來改過，更動了幾個字，也按照法律規定做該有的註記。

我覺得改遺囑現在好像是黃阿伯的樂趣，像在幫他的子女打分數。不過，不管怎樣，老人家開心就好，不是嗎？

黃阿伯感覺上本人對於修改遺囑滿自得其樂的，但我們遇過許多類似情況的客戶，來事務所時多少都有點強顏歡笑及帶著無奈，特別是與兒女一同前來寫遺囑的客戶。

會來事務所寫遺囑的客戶，就我自身的經驗來看主要分兩種：一種是自己前來找律師詢問要如何立遺囑，就像黃阿伯一樣；第二種則是由一位子女帶著父母來說要立遺囑把遺產留給自己。

遇到這樣的情形，我自然會先詢問立遺囑人是否有意願，此時客戶不是情緒激動的訴說其他兒女如何不孝才下此決定，要不然就是臉上掠過一絲羞赧與尷尬的神情。

遺囑的功能需完全發揮

但不論是遇到哪一種客戶，最關心並最常問我的兩個問題就是：財產能不能只給一個或部分兒女，而不讓其他兒女繼承？如何規避「特留分」？以及除了財產分配外，遺囑內容還要寫些什麼？

第一個問題，我會建議他們可以透過「死因贈與契約」的形式或透過保險來處理。關於死因贈與的部分我們留到後面的章節再做詳細說明。

至於第二個問題，首先我們要知道遺囑最重大的兩個功能，在於財產分配及確保執行分配結果。常常有客戶來寫遺囑只說要把一間房子留給小孩繼承，對於其餘財產如何分配則毫無概念。我們瞭解遺囑的功用之後，就會知道遺留下來的所有財產都應寫入遺囑納入分配，才能完全發揮遺囑的功用。透過遺囑的預立，能夠最大限度的將遺產做到合適的分配。

這裡說到最大限度的分配，也許有人會有疑問：既然都立遺囑了，為什麼不能完全照著遺囑內容做分配？這是因為我國法律上有特留分的規定，在特留分的範圍內，繼承人得請求的遺產是無法透過遺囑排除繼承的，所以才說只能最大限度依照被繼承人意志做分配。至於合適的分配也是以被繼承人的角度而言，因為畢竟是被繼承人遺留下來的財產，要如何做分配或處置都應該遵從其心意，這是對於被繼承人的尊重。

具法律效力的遺囑內容

前面講解了預立遺囑的功能與好處，現在來介紹一份完整具有法律效力的遺囑，內容都會記載些什麼以及如何記載。

一般遺囑會記載的內容，不外乎就是交辦身後事及遺產的處理分配，有時還會多加一個指定遺囑執行人。這部分我們會在後面的篇章專門介紹。總歸來說，被繼承人立遺囑能指定的事項分為：

一、身後事交辦：這部分性質比較偏向遺書，內容可能是被繼承人對於人生的感想抒發，或是有什麼話來不及向親友訴說，於是透過文字的方式來傳達。這部分因為不涉及財產分配或權利變更，所以雖說仍具法律效力，但若不依照遺囑辦理也僅是違背被繼承人生前的意志，可能會遭受良心的譴責，在法律上並不會因為違反遺囑內容而有何不利。但是假若遺囑內容是指定由其中一位繼承人負責處理後事及負擔喪葬費用，因為喪葬費用在法律上屬於被繼承人的負債，可以指定繼承人承受，如此就涉及財產分配。如果該繼承人拒絕依照遺囑負擔喪葬費用，將來在遺產分配時，其他繼承人仍得主張該繼承人分得的遺產應先扣除喪葬費用。因此有關喪葬費用的指定及分配，仍有可能會發生違反遺囑內容進而侵害其他繼承人權益的情形，需要特別注意。

二、遺留財產（遺產）的分配：這部分就是由被繼承人生前依照本人意願，在去世後留下的財產該如何處置做預先分配，包括遺產繼承及遺贈（遺贈也必須遵守特留分規定），分配的標的即是被繼承人名下的所有財產，範圍包括不動產及動產。在確定要分配的財產項目後，接下來還要指定財產的分配方式，當然如果沒有列在遺囑內的財產，那就是以法律規定的比例分配之。

以上兩點皆是出於被繼承人本人意願記載詳實並指定分配，並經見證人見證及簽署後，即是一份完整有效的遺囑。

遺囑是自立遺囑人（被繼承人）死亡那一刻起生效，在立遺囑人過世之前可以修改遺囑內容，或是重新擬定，以新遺囑取代舊遺囑，或是以明顯與遺囑內容相悖的行為去達到變更遺囑內容的效果。比方說被繼承人原本指定繼承人繼承自己的房產，但在過世之前就把該房產贈送給其他人，在被繼承人過世後，繼承人不能向受贈房產的人要求歸還，因為在被繼承人將房產贈送其他人時，就已生變更遺囑內容的效果。基本原則是，只要是合法有效的遺囑，以立遺囑人最後一份遺囑內容為準。

最後，可能律師用文字講說一大堆遺囑該怎麼寫的注意事項，大家還是不知道要怎麼寫一份遺囑，這邊我整理一份自書遺囑的格式範本，提供大家參考。當然如果想要確認自己書寫的遺囑內容有沒有寫不清楚的地方，或是擔心有被認定無效的疑慮，建議還是跑一趟律師事務所，與律師討論確認，才有保障也能安心。

遺囑

立遺囑人＿＿＿＿＿＿，為避免突然身故，導致親人無所適從，特立本遺囑，有關遺產的分割方法及身故後事務，皆按以下方式為之：

一、本人之繼承人為配偶＿＿＿＿＿＿＿＿，子女＿＿＿＿＿＿＿、＿＿＿＿＿＿＿＿，共計有＿＿＿＿人。

二、不動產部分

1.門牌號碼＿＿＿市＿＿＿區＿＿＿路＿＿＿號之房地（即＿＿＿市＿＿＿區＿＿＿段＿＿＿建號建物及同區段＿＿＿地號土地持分）及其共有＿＿＿建號之持分皆由＿＿＿＿＿＿（身分證統一編號：＿＿＿＿＿＿）單獨繼承。

三、動產部分

本人對＿＿＿＿＿＿銀行＿＿＿＿＿＿分行之全部債權，包含且不限於存款、基金、信託等，由全體繼承人按人數平均繼承之。

四、本人之其他未約定財產，於扣除一切稅捐費用後，如有剩餘，由全體繼承人按人數平均繼承之。

五、如本人病危時，將不接受心肺復甦術，並選擇安寧緩和醫療，且已預立安寧緩和醫療意願書，放置於＿＿＿＿＿＿。

六、於本人死亡後，有關喪葬儀式之進行，本人已與＿＿＿＿＿＿公司（統一編號：＿＿＿＿＿＿　地址：＿＿＿＿＿＿＿＿＿＿＿＿）簽訂生前契約，將由該公司辦理喪禮（本人擬依＿＿＿＿＿＿宗教之告別儀式進行）。

七、本人指定＿＿＿＿＿＿（身分證統一編號：＿＿＿＿＿＿，地址：＿＿＿＿＿＿＿＿＿＿＿＿＿＿）為本遺囑之遺囑執行人，如＿＿＿＿＿＿無法執行職務時，指定＿＿＿＿＿＿（身分證統一編號：＿＿＿＿＿＿，地址：＿＿＿＿＿＿＿＿＿＿＿＿）為第二順位遺囑執行人。

八、本遺囑乙式＿＿＿份，除本人保管乙份外，其餘＿＿＿份由遺囑執行人＿＿＿＿＿＿及＿＿＿＿＿＿保管，並據以辦理繼承事項。

立遺囑人：＿＿＿＿＿＿

出生年月日：民國＿＿＿年＿＿＿月＿＿＿日

身分證統一編號：＿＿＿＿＿＿＿＿＿＿＿＿

地址：＿＿＿＿＿＿＿＿＿＿＿＿＿＿＿＿

中華民國＿＿＿年＿＿＿月＿＿＿日

（資料來源：彭律師自行整理）

第16課

合法的必然，別讓疏忽造成無奈
——遺囑的類型與要件

「這太不合理了！」徐姐氣得把文件摔在會議桌上，頓時會議室裡充滿著尷尬的氣氛……不過幾千萬的財產瞬間成空，也難怪徐姐滿肚子的怒氣需要宣洩出來。

然而，遺囑無效的案例，律師們已經司空見慣。

「這明明就是他的簽名，法院可以去驗筆跡啊！」徐姐口中的他，是她的老來伴周大哥。

周大哥前不久過世了，雖然與徐姐沒有結婚，不過周大哥總是信誓旦旦的說要將身後大部分財產留給徐姐，因為這幾年都是徐姐在照顧臥病在床的他。周大哥的孩子們各忙各的，很少主動關心父親，只有徐姐在周大哥的太太過世後陪在他身邊，服侍他的衣食住行。

徐姐氣得把手上的筆都快握斷了。她說：「他為了怕孩子們不服，還特地早早就要我幫他代寫遺囑，每個字都是他念給我聽，我親筆寫下來的。最後也是跟他再三確認後，由他親自簽名，還蓋了手印。就是因為他的手已經沒有力氣握筆寫那麼多字，才由我來代替他寫，我還有錄音呢！」

然而事實擺在眼前，應該說，法律規定就是擺在眼前……這是不符合法律規定的遺囑要件。

「代筆遺囑必須要有三位以上的見證人，只有錄音錄影不行喔！」律師很同情徐姐，但也很無奈法律規定就是如此。

遺囑無效，遺產分配就是回歸法定繼承人的應繼分分配方式。徐姐不是周大哥的配偶，當然無法繼承周大哥的遺產。

「律師，拜託您想想辦法，真的沒有其他路可以走嗎？」

「民法第一一四九條有規定：『被繼承人生前繼續扶養之人，應由親屬會議依其所受扶養之程度及其他關係，酌給遺產。』不過，這個請求還必須符合三個要件：一、被繼承人生前繼續扶養之人；二、以不能維持生活而無謀生能力者為限；三、被繼承人未為相當之遺贈。所以現在只能夠依你的經濟狀況，看看法官願不願意酌給了。」

我其實相當同情徐姐的遭遇，畢竟是幾千萬的房產，不是一筆小數目。徐姐本來可以安享天年的，這下可能要透過訴訟才有機會拿到一點養老金了，實在很令人感嘆。

在這裡真的要提醒大家：遺囑訂立一定要符合法律的要件，否則一旦無效，就沒辦法把財產留給你真正想給的人了。

幾年前長榮集團已故創辦人張榮發的大房二房爭產訴訟一時鬧得沸沸揚揚，占了不少新聞版面，訴訟打到最高法院又發回重審，高等法院現在命雙方再開辯論，訴訟結果仍未有定論。這件事起頭是因為張榮發過世後留下一份密封遺囑，指定由二房獨子張國煒繼任長榮集團總裁，並繼承大部分遺產。如此分配（其逝世時尚有四名兒子及兩位配偶）自然引起其他繼承人的反彈，因此其他繼承人便提起確認遺囑無效之訴。

這是因為被繼承人所立的遺囑具有很強的效力，能在不違反法律強制規定（例如特留分）的情形下，不須依照法律所定的順序及比例指定遺產繼承對象及分配比例，加上立遺囑人已過世，在死無對證的情況下，基本上不能就立遺囑人的真意再為爭執，只能檢核其他法律要件是否符合規定。也因此法律對於立遺囑的要件規定就十分嚴格，甚至到了苛求的地步，只要其中一小部分存有瑕疵，就會導致整份遺囑無效。

接下來，我們就來看看立遺囑有哪些必須遵守的要件？以及五種不同類型的遺囑，又分別有哪些自己獨有的成立要件呢？

不同類型的遺囑與其要件

我國民法明文規定遺囑為「要式行為」，意指必須遵照一定的方式為之，才會成立而具有法律效力。至於遺囑生效時點如同前面所說，是從立遺囑人死亡那一刻起。法律之所以嚴格要求遺囑須具備一定要件，其背後的立法目的是在確保遺囑的存在及真實性、節省費用及減少爭議，以維持家庭和平。

法定的遺囑類型共有五種，分別是自書遺囑、公證遺囑、密封遺囑、代筆遺囑及口述遺囑，且法律承認的遺囑也只有這五種，並不容許自行創設其他形式的遺囑。其中前四種為普通方式，立遺囑人得依其需求自行選擇，而口述遺囑則為特別方式，除因生命危急或其他特殊情形無法依其他方式為遺囑時，才能以口述方式立遺囑。

至於各種遺囑的要件及優缺點，分述如下：

一、自書遺囑：立遺囑人自己親自書寫的遺囑，必須記明年、月、日並親自簽名，如有增減塗改，須註明塗改之處及字數，並另行簽名。優點是簡單、便宜，可以節省時間及成本，且具有一定隱密性；缺點則是立遺囑人可能不諳法律規定，對於遺囑要件有所欠缺導致遺囑無效，且因自書遺囑不要求有見證人，將來容易爭執真偽、變造易生爭端。

二、公證遺囑：即是立遺囑人指定兩名以上見證人在場見證，在公證人面前口述遺囑意旨，由公證人筆記、宣讀、講解，經立遺囑人同意後，記明年、月、日，由公證人、見證人及立遺囑人共同簽名。優點是對不識字的長輩或不熟悉法律規定者，可藉由公證人講解理解遺囑的真意，且內容經過公證人親身見證，證據力強大，不易產生爭端；缺點則是需要額外費用，且製作起來不如自書遺囑便利。

三、密封遺囑：即是遺囑製作完後將其密封，於封縫處簽名，指定兩名以上見證人陪同向公證人提出，並由公證人在封面載明遺囑提出的年、月、日及立遺囑人所為陳述，再由公證人、見證人及立遺囑人共同簽名。優點是兼具自書及公證遺囑優點，且隱密性最高；缺點則如同自書遺囑，在拆封遺囑之前不能確定遺囑製作是否符合規定之形式。

四、代筆遺囑：即是需要指定三名以上見證人，由立遺囑人口述遺囑意旨，使見證人其一負責筆記、宣讀、講解，經立遺囑人同意後，記明年、月、日及代筆人姓名，再由全體見證人及立遺囑人共同簽名。優點一樣是簡單便利，能節省時間及費用，缺點則是對見證人要求人數最多，且容易有利益衝突情形發生導致遺囑無效。

五、口述遺囑：即是立遺囑人已性命垂危，身體情況不容許親自書寫遺囑，甚至連簽名都無法時，可指定兩名以上見證人口授遺囑意旨，由見證人中之一人筆記並記明年、月、日，再與其他見證人共同簽名，或由見證人全體口述遺囑及見證人姓名，全部錄音並將錄音檔當場密封，並記明年、月、日，由全體見證人在封縫處共同簽名。優點是能在例外危急特殊情況下承認遺囑效力，缺點則是對於遺囑內容真實性容易受到挑戰，滋生事端。

	自書遺囑	公證遺囑	密封遺囑	代筆遺囑	口述遺囑
記明年月日	○	○	○	○	○
親自簽名	○	○	○	○	○
見證人	×	○	○	○	○
電腦繕打	×	○	×	○	×
公正性（效力）	最低	最高	較低	中等	較低
製作難易度	最簡單	最難	較簡單	中等	中等

以上各種類型的遺囑雖然有各自獨有的要件，但都共同有記明年、月、日的要求，正如我們前面提到，因為立遺囑人可以不斷立新的遺囑取代舊的遺囑，所以立遺囑的時點是至為關鍵且必備的要件。此外，除自書遺囑外，其餘四種遺囑都有需要見證人在場見證簽名的要求，這是為了確保遺囑是出於立遺囑人的自由意志，以及與其真意相符。

遺囑可能無效的情況

除了法律條文規定的遺囑要件外，在各種遺囑類型實務上都有一些非明文的要件需要遵守，假使違背了這些要求，一樣會被認定是不符合要件致使遺囑無效。以下介紹幾個常見法律明文沒有規定，卻容易發生致使遺囑無效的情形。

一、遺囑見證人資格不符：在民法第一一九八條有明文規定幾種特別身分或資格之人不得為遺囑見證人，例如繼承人或受遺贈人，因為容易與立遺囑人有利益衝突，道德風險高。但在實務上，法院認為由繼承人或受遺贈人指定或找來的人，一樣不能擔任見證人，因為有前面提到的道德風險原因仍在。

二、見證人沒有全程在場見證：雖然法律條文只規定需要見證人一同在遺囑或密封信封上簽名，表示有見證立遺囑人之真意，但歷來法院見解都認為，如果見證人只是最後在遺囑上簽名，或立遺囑過程中途有離開，未全程在場，則無法發揮見證人的功效，將來遺囑產生爭議，無法作為強而有力的依據。

三、立遺囑人僅蓋章或按印並未簽名：民法第三條第二項規定，如用印章代替簽名，其蓋章與簽名生同等之效力。但是遺囑應依法定方式為之始為有效，又立遺囑人簽名能透過筆跡鑑定的方式確定真偽，故在立遺囑上排除民法第三條規定適用，法院會認為如果只在遺囑上蓋章或按印，並不符合簽名的要求。

四、自書遺囑仍然規定要親自用筆書寫：律師最常被民眾問到有關立遺囑的問題就是，遺囑是不是一定要親筆寫，可不可以用電腦打字的，最後再簽名就好？雖然目前法院放寬承認公證與代筆遺囑的筆記可以使用打字記錄，但自書遺囑還是要親筆書寫全文，包括年、月、日，始符合遺囑要式性的要求。

第17課

放下與寬容，讓人生往前走
——遺囑執行人

「憑什麼他一個人就可以處理所有的遺產，這也太沒有公平正義了吧？」

唐媽媽說的是她們家最近發生的「爭產事件」。雖然不是什麼名門大戶，不過唐媽媽的父親打拚一輩子，留下的財產也不少，看來又是個為財傷了手足和氣的遺產紛爭案例。

一個繼承人就可以處理所有繼承人應得的遺產，會有這種事嗎？這其實是一般人可能不知道的有關「遺囑執行人」的規定。

「因為你的父親在遺囑裡指定你弟弟擔任遺囑執行人，所以他可以依遺囑來管理遺產，做執行遺囑的必要行為。簡單來說就是，如果被繼承人在生前立有遺囑，並且指定遺囑執行人，那麼遺囑執行人就可以在辦理遺囑執行人登記及繼承登記後，直接會同受遺贈人辦理遺贈登記，無須經過繼承人同意。」

律師說的遺贈對象，就是唐媽媽的父親在她母親過世後的同居伴侶，也就是唐媽媽同父異母弟弟的母親。唐媽媽的父親在遺囑裡為同居伴侶留了一份財產，但是因為唐媽媽一直認為父親的這位伴侶，在自己母親過世前就已經跟父親有曖昧的關係，所以不願意接受她。唐媽媽的父親也因為疼愛女兒，始終沒有把這個伴侶娶進門，甚至這位隱形後母都已經為她父親生了一個兒子，也就是這場遺產紛爭戲碼中的「遺囑執行人」，唐媽媽始終覺得他們是外人，甚至認為母親就是因為父親在婚姻中有了曖昧對象才會抑鬱而終。

所以不管父親已經跟這個伴侶同居多年，唐媽媽對於父親過世後這位隱形後母可以順利取得父親的一部分遺產，她是萬般不服，才會來找律師想辦法。

「如果遺囑確定是你父親立的，也符合法定要件，那就只能計算看看特留分的部分有沒有違反法律規定了。」律師說的是，遺贈雖然也是父親處分遺產的權利，但還是不能侵害其他法定繼承人，也就是唐媽媽的法定應繼分。

對唐媽媽而言，她認為父親後來的伴侶既然不是配偶，就不是法定繼承人，而且她認為這份遺囑無法確定真假，畢竟她從來沒聽過父親在生前有立過遺囑，而這位隱形後母居然可以在她沒有簽名或配合的狀況下，短時間內取得父親的部分遺產，這樣的法律規定讓她匪夷所思。

不過，遺囑執行人確實也是為了避免被繼承人立了遺囑之後，身後的繼承人吵成一團不願配合辦理，所設計的制度規範。否則即使立了遺囑，只要有一個法定繼承人不願意配合繼承登記，所有繼承人就得慢慢跟著耗，那種爭產官司打好幾年的案例，社會新聞絕不少見。因此律師通常都會建議立遺囑人最好要同時指定信任的遺囑執行人，才能快速讓繼承人各自取得財產。

「其實，你父親因為疼愛你而不願意再婚，證明你對他而言是最重要的人，如果他真的想留些財產來照顧生前陪伴他的人，你要不要就尊重他的意思呢？」

在面對當事人的難題，律師有時候給的不只是法律上的建議，而是人生通往更幸福道路的指引吧！

看著唐媽媽深思的表情，或許這件事也能讓她學到放下與寬容，讓自己的人生繼續往前走。

爭奪遺產及繼承權的戲碼在我們律師身邊不斷上演，雖然不像鄉土劇般灑狗血，但隨著國人對於繼承相關法律知識越加普及，爭產的橋段可說是推陳出新，不斷有新手法出現。像前述唐媽媽一家的故事，唐媽媽的隱形後母與父親在法律上沒有任何關係，既不是配偶也不是家屬，結果因一紙遺囑就可以共同分享父親留下來的財產，這對一般人來說確實很難接受，畢竟我國與日本不同，並沒有明文承認所謂「事實婚」[2]的制度，故在一般人眼裡，唐媽媽的父親與同居人並不是夫妻關係，只是交往中的伴侶。

遺囑執行人的存在意義

現在許多長輩預立遺囑的意識逐漸興起，認為這樣就能減少日後爭產的衝突，殊不知想要好好傳承財產也沒有想像中容易，有些人以口述遺言表達意志，卻因為不符法律對遺囑要式性的規定而無效，即使立了遺囑，也難保繼承人們全體心服口服，不再爭執。

所以被繼承人不是擬好遺囑內容就一切大功告成，還必須指定一位公正無私的遺囑執行人負責管理遺產分配，確保遺囑內容確切執行，將有關遺產繼承、遺囑執行的爭議降到最低。

遺囑執行人，顧名思義就是指遺囑生效後，為實行遺囑內容之各種事項之人。遺囑執行人既然以執行遺囑為其職務，在執行遺囑的必要行為上，法律賦予其權利及義務，對於占有遺產的繼承人或占有人，有權要求他們交出占有的遺產；或是依照遺囑的指示實行遺產分割，將遺贈物交付給受遺贈人等。

被繼承人在指定遺囑執行人人選時，除了法律明文規定未成年人、受監護或輔助宣告之人不得為遺囑執行人外，對於遺囑執行人沒有資格上的限制，負責撰擬遺囑的律師、公證遺囑的公證人，甚至是公司法人都能擔任。比較常見的情況是由律師或公證人出任遺囑執行人職務，但一般來說，繼承人或受遺贈人也能擔任遺囑執行人，因為法律並未排除繼承人或受遺贈人擔任遺囑執行人的資格。既然在遺囑中指定，即認為繼承人或受遺贈人是最適合人選，就應該

---

2 指沒有婚姻關係的伴侶，未進行結婚登記，但現實生活中以夫妻關係共同生活的異性伴侶。

尊重被繼承人的意思。

遺囑執行人可以指定一位或數位，當遺囑執行人有數人時，其執行職務以過半數決定之，但遺囑另有指定時，則應遵從其意思，也能分別指定各遺囑執行人負責管理不同部分的遺產。

未指定遺囑執行人如何處理爭議？

那麼如果被繼承人沒有在遺囑中指定遺囑執行人，繼承人對於遺產管理有爭議時，又該如何解決呢？此時可以召開親屬會議，由親屬會議選定遺囑執行人。但如果不能由親屬會議選定時，又或者指定的遺囑執行人怠於執行職務或有其他重大事由不能執行職務，該怎麼辦？此時可由（遺產的）利害關係人向法院聲請選定或另為指定遺囑執行人。

所謂怠於執行職務，是指遺囑執行人對編製遺產清冊、管理遺產、執行遺囑不為積極的履行，例如應該要編製遺產清冊而不編製、對於遺產不採取積極的保存行為等；所謂其他重大事由，則是指因不可歸責遺囑執行人之事由而無法執行職務的情形，例如遺囑執行人有重大疾病等情況。

遺囑執行人被指定後，得自行決定是否擔當此任務。遺囑執行人一旦決定就職後，有以下職務上的義務：

一、於遺囑有關之財產，如有編製清冊之必要時，應即編製遺產清冊，交付繼承人。

二、遺囑執行人有管理遺產或為執行上必要行為，遺囑執行人因職務所為之行為，視為繼承人之代理。

最後當其職務執行完畢，遺囑執行人有權利請求相當之報酬。如果被繼承人沒有在遺囑中指定報酬，其數額則由繼承人與遺囑執行人協議，協議不成則由法院酌定之。

第18課

將一切留給真正想給予的人
——遺贈及死因贈與

姐妹淘小蜜已經結婚二十年了，她跟老公的感情很好，雖然沒有孩子，不過兩個人也因此少了很多吵架的機會，常常遊山玩水，沒有什麼煩惱，錢也夠用。雖然我自己覺得擁有小孩可以擁有很多快樂的回憶，不過每個人都有自己的選擇，開心就好。

前不久，小蜜突然傳訊息問我，因為她沒有孩子，想花什麼就花什麼，所以從沒想過遺產傳承的問題，但是最近聽過有人提到法定繼承人和特留分的概念，她才知道自己一直沒聯絡的兄弟姐妹居然屬於她的法定繼承人之一。

「我聽說像我這樣沒有生小孩，爸媽也不在了，萬一老公比我先走，我的兄弟姐妹就可以繼承我的財產，是嗎？」

「沒錯啊！繼承的順位先是配偶及小孩，再來是父母，第三順位就是手足。所以如果你老公比你早走，你的兄弟姐妹就可以繼承你的遺產，你也可以用遺囑來分配贈與給其他人，但他們還是有特留分喔！」

「啊……可是我跟他們的感情很不好，早就沒聯絡了！我情願拿去捐給慈善機構也不想要留給他們。想當初我說不生小孩時，他們把我罵得多難聽，什麼不孝、自私的話都說了，我才不想把財產留給這種兄弟姐妹。」

身邊有不少朋友不生小孩或沒有結婚，因此我還滿常聽到有人來詢問要如何才不會將財產留給兄弟姐妹。「也不是沒有辦法，你可以透過一些保險規劃，將大部分財產以受益人的方式留給你真正想要給的人，或是給慈善機構也可以！」

「真的嗎？那好那好，你可以幫我規劃看看嗎？」小蜜眼神熱切的望著我。

前兩年我因為希望幫自己的家庭做好財務規劃，去取得保險業務員的證照，之後許多朋友有保險方面的相關問題，常會來請教我，我也可以給朋友一些方向與建議。

現在單身的人或頂客族很多，小蜜的這個案例剛好給大家一些參考。如果能了解法定繼承人的應繼分與特留分的比例，提前做好安排與規劃，才能讓自己的錢留給自己真正想給予的人喔！

通常來事務所想立遺囑的民眾，十之八九都會問到財產能不能不要給某個繼承人，或要如何規避掉「特留分」的規定。

當初民法制定特留分規定的理由，就是為將遺產一部分保留給近親家人，保障其生活必要，具有一定的社會政策色彩，但如今現實情況往往是被繼承人與繼承人之間久未來往，甚至形同陌路，雙方可能並無情感基礎，卻還是要把遺產一部分留給久未碰面或素未謀面的「陌生人」，甚至影響到原本與被繼承人有親密關係的其他繼承人的權益，如此不只當事人覺得不合理，也違背了當初制定本條規定的初衷，同時大大限制了被繼承人想依照自己的意志分配財產的空間。

依照被繼承人意願的安排

其實想要解決特留分規定、依照被繼承人意願來安排遺產的方法還是有的，而且不只一種。

第一種就是之前提過的，可以透過保險指定受益人的方式規避特留分的問題。因為保險金並不是被保險人的遺產，不需受到特留分規定的限制，且同時有不用被列入遺產總額內計算遺產稅的優點。

不過仍有兩種情況不適合以保險方式規避特留分：一種是名下財產大都是不動產、沒有太多存款的人，因為保險只能處理動產部分，待被繼承人身故後以保險理賠金的形式給付受益人，無法處理不動產；第二種則是被繼承人年紀比較大或身體健康狀況較差，投保條件比較嚴苛，甚至沒有保險公司願意承保，這樣自然沒辦法透過保險的方式達到財產分配且又能規避特留分的目的。

第二種方式是透過遺贈及訂立死因贈與契約去挑戰特留分規定。在介紹遺贈及死因贈與契約的概念之前，先跟大家分享一個案例。

曾有一位客戶來事務所請我們處理雙親的遺產，繼承人是連同他在內共四位兄弟姐妹。雙親遺留下來的財產包括土地、房子、存款及股票等，是十分典型的遺產分割事件，大家對於遺產內容沒有爭議，就連分配方式也都有共識，就按照人數平均分配。可惜我的客戶與其他兄弟姐妹感情非常不好，甚至到老死不相往來的程度，否則在大家都有共識的情況下，根本不需要走法院，繼承人全體簽立遺產分割協議就可以辦理後續的繼承事宜。

原本因為大家有共識，經過雙方律師從中協商，這件案子很順利的在調解程序就結束了，但是我的客戶從來沒有出席過調解（一般情況下調解法院還是會希望當事人能出席），據他說深怕自己看到其他兄弟姐妹情緒一激動，就無法完成和解，所以整個程序都是由我們事務所律師代理出席。

在收到調解筆錄後不久，有天他來事務所找我，語重心長的跟我說：「律師你能不能幫我想想辦法？我這輩子估計是不會結婚也不會有小孩，在父母走後我的繼承人就是我的兄弟姐妹，有沒有辦法不要讓他們繼承我的遺產？」

過去我都是聽別人問要如何避免繼承負債，想辦理拋棄繼承，當時還真是頭一次聽到不想讓繼承人繼承遺產的要求，但我仍立刻想方設法的幫客戶出主意，例如叫他蒐集與其他兄弟姐妹吵架的證據，吵得越激烈越好，之後再以遺囑表示其他兄弟姐妹因對其出言侮辱而喪失繼承權；又或者叫他收養一位小孩，甚至自己出養成為別人的養子等等，提供了一堆奇奇怪怪、天馬行空的鬼點子，當然從法律的角度來說，都是為了避免讓他的兄弟姐妹繼承他的遺產。

但前面提到的方法在現實執行上有其困難，最後我提供了一個最能符合他要求又具可行性的方法，那就是以遺贈或死因贈與的方式將財產贈送給兄弟姐妹以外的其他人。我分析了其中的利弊給客戶聽，客戶也深感認同，連忙詢問我遺囑該如何擬定，如此我成功的替客戶解決他的問題。

遺贈或死因贈與的適用性

我之所以建議客戶以遺贈或死因贈與的方式處理財產，是因為客戶名下的不動產比較多，暫不考慮以保險的方式做規劃。我也有向客戶說明如此處理的兩種好處：

一、贈與人不需要負擔贈與稅：只要在過世前將所有財產贈與他人，就不會留下遺產，同樣也能達到不讓兄弟姐妹繼承遺產的目的。但會碰到兩個問題，一是如果財產都贈與出去，只留一小部分存款安享晚年，結果存款花光了人還沒走，就會從原本的家庭紛爭轉變成老人安養的社會問題；再來就是生前贈與的話，贈與人必須負擔贈與稅，如果是用遺贈方式將財產贈與他人，則不需要課徵贈與稅，僅要負擔遺產稅；相較贈與稅每年免稅額是兩百四十四萬元，遺產稅的免稅額是一千三百三十三萬元，大大增加移轉處分財產的空間。加上遺贈是從遺贈人死亡時生效，遺產稅的繳納義務人是受遺贈人，因此贈與人不用擔心在世時會因遺贈被課稅。

二、可以指定贈與對象，贈與對象不必是繼承人：遺贈本質上還是屬於贈與，不過是死後才發生贈與效力，所以不課徵贈與稅，而是列入遺產稅課徵標的。如此一來，就可以自由選擇遺產分配的對象，不受繼承人範圍的限制。像前述故事中，小蜜沒有其他的家人，又不想將辛苦大半輩子掙來的資產交給早已沒聯絡的兄弟姐妹繼承，這時就可以用遺贈的方式，將遺產指定贈與給真正想贈與的人，做最妥適的安排。

再來說到死因贈與，其實就是一般的贈與契約。它與遺贈不同，不需要透過遺囑才能成立，但同樣是以贈與人死亡時為生效要件。從稅法的角度來看，死因贈與性質與遺

	遺贈	死因贈與
性質	單獨行為，須以遺囑為之（要式性）	契約行為，無一定形式（不要式性）
生效時點	遺贈人死亡，受贈人仍生存時生效	贈與人死亡，受贈人仍生存時生效
限制	十六歲以上才可立遺囑	成年具行為能力才可為贈與人
課稅標準	課徵遺產稅	課徵遺產稅
受贈對象	可贈與繼承人以外之人	可贈與繼承人以外之人

※ 遺贈與死因贈與的異同比較表　（資料來源：彭志煊律師整理）

贈類似，一樣不課徵贈與稅而是徵遺產稅。此外，死因贈與是契約行為，需要受贈人同意接受贈與才會成立，而遺贈是屬於單獨行為，在遺贈人立完遺囑那一刻就成立，不待受遺贈人的同意。

再簡單整理一下上述幾種規避特留分方式的優缺點。

以保險契約指定受益人的方式，能夠完全排除繼承人繼承金錢的部分，但如果遇到不動產較多，或是年紀較長身體不好的人可能就不太適合。

遺贈及死因贈與契約則是可以將全部遺產都指定贈與給繼承人以外之人，達到排除繼承人繼承遺產的目的，但缺點是大部分的法院還是認為遺贈及死因贈與契約有特留分規定適用，將來如果進入訴訟，繼承人還是可能可以主張其特留分的部分遺產。

最後還是提醒大家，特留分畢竟是法律明文規定保障繼承人的權利，不論是用保險指定受益人，還是用遺贈或死因贈與的方式，都仍有其局限性，不能達到百分之百排除繼承人主張特留分。即便是遺贈或死因贈與，大部分的法院仍會認為有特留分規定的適用。也就是說，即使想要把全部遺產贈與給其他人，繼承人還是有機會透過訴訟請求特留分的喔。

PART 5

自在熟齡
生活規劃

在精彩人生的末段時光，
您希望怎麼跟世界溫柔道別？
可以為自己做好生活所需的規劃，
或者預先簽署安寧緩和決定，
讓最愛的家人不需做出艱難的醫療決定。
把最後寶貴的時間，
用來珍惜細數點滴回憶，
平靜且自在的，步向人生的盡頭。

第19課

高枕無憂的退休人生——以房養老

那天去探望小時候很疼我的一位王阿姨，才聽說她的女兒最近離婚了。

「唉……沒伴沒小孩的，也不知道她以後養老的日子要怎麼過？不過我自己都自身難保了，只剩下現在住的這間房子，身上的存款也不多，好像沒什麼可以幫到她的地方，只想到不要跟她開口要生活費就好。我心裡知道她的日子也不好過，連她自己的養老金都還沒著落，哪顧得到我呢？」

王阿姨人很好，以前過年時遇到她，她都會給我壓歲錢，平常跟我說話輕聲細語的。

她的先生過世得早，一個人扶養女兒長大，苦日子沒少過，所有收入都是靠家事清潔來的。年紀大了以後，她自然沒辦法再從事這樣的勞力工作，也因為沒有固定的雇主拿不到退休金，唯一的資產就是現在住的房子。

我知道她的經濟環境不好，總希望可以幫她多規劃一些可能的生活費來源。

「王阿姨，你有聽過以房養老嗎？」

「沒有耶！人家不都說什麼養兒防老嗎？雖然我養的是女兒，不過以我女兒現在的狀況，我覺得她可能要先顧好自己的生活。我起碼還有這間房子，但是她的錢幾乎都被她的前夫花光了，還幫前夫背了卡債。我有跟她說，不奢望她來養我，只希望她趕快脫離債務就好，千萬不要打我這棟房子的主意。」

「當然是這樣，你身上不是也沒什麼資產就只剩這間房子了嗎？但我覺得如果你真的生活費不夠，或許這間房子可以代替孩子來養你呢！」

我想跟王阿姨聊聊，近年有許多老年人申辦銀行的「以房養老」貸款專案，也就是將自己所有的不動產設定抵押權給銀行，在貸款期間由銀行每月撥付養老金，保障老人退休後的生活資金。因為可以按月領取貸款資金，或許可以不用煩惱生活所需。

「不行啊，我所有財產只剩這間房子，賣掉的話就沒地方住了。」王阿姨聽到我說的話那一瞬間，嚇得差點從椅子上彈起來。可以想見，這間房子真的是王阿姨安全感的來源。

「不是要賣掉房子的意思，我是想告訴你，你可以向銀行申請『以房養老』貸款專案，還是可以繼續住在房子裡，只是銀行會貸款給你每個月的生活費，最長可以連續領三十年呢！未來你不在時，房子如果沒人處理，銀行也會將它拍賣，不用勞煩你女兒費心。」

「聽起來好像不錯，那下次我女兒回來我再跟她提。話說回來，她也很久沒回家了，每次回來話也不多，坐坐就走，大概是怕我問她的生活。早叫她不要嫁給那個老公，結婚後幾乎都在為他還債，跟傻瓜一樣，孩子也沒生，都不知道她結這個婚幹嘛的！」

王阿姨說的話我可以理解，所以很多人說女人婚後流的淚水，都是婚前腦袋進的水。

後來聽說王阿姨的女兒有陪同她到銀行辦理房子抵押一事，順便了解整個狀況，關於未來母親的權益及後續離世房子的處理問題等等。經由行員說明，銀行也評估房價行情，按月撥出生活費給王阿姨。如果之後王阿姨不住家裡想住養老院，也沒有關係，可以將這筆錢設定為信託，銀行會依照約定，每個月付給養老院一筆款項。原則上，生前的生活費都無須太費心。

這種方式對王阿姨的女兒來說，可以減輕更多照養母親的壓力，但缺點可能就是無法繼承到房子。但是王阿姨的女兒心知肚明，自己沒有能力扶養母親，唯一能做的就是不要再成為母親的負擔了。

以房養老，當然不是運用退休資產的唯一選擇，如果有適當又收益好的投資標的，房子也可以直接貸款做資金運用。但是如果沒有找到適合的投資方式，身旁又沒有人可以協助處理房產，這也會是一種可以考慮的養老方案喔！

有土斯有財、老有所終，一直是多數人的理想與盼望。終其一生，好不容易拚命有了屬於自己的小窩，清償了數十年的貸款，但退休後驀然回首，才發現手邊得以活用的資金可能所剩無多。況且，房子如果是自住自用，也無法透過出租獲得其他收入，因此像王阿姨這樣沒有足夠存款，女兒經濟狀況更自顧不暇時，若日後因疾病或意外急需用錢，生活就會很快陷入巨大的困難。

扶養義務不是必然

很多人像王阿姨一樣認為養兒可以防老，小孩有義務按月支付扶養費，但是法律往往不是一般人想的這麼簡單。按照民法規定，如果王阿姨要向女兒主張給付扶養費，前提必須是王阿姨名下財產已經顯然不足，且達到不能維持生活的程度。例如王阿姨名下的存款或每月的勞保退休金已經無法支付每月固定醫藥費與生活費，即便有房子，但因為屋齡老舊且是自住使用，無法出租、出售而變現，此時，王阿姨與女兒之間才會有扶養義務的產生，女兒需按月支付扶養費來維持王阿姨的基本生活所需。

在目前社會少子化或結婚率、生育率日趨下降的時代，膝下無子女、無配偶者，按照民法的扶養順位來看，恐怕只能仰賴兄弟姐妹扶養。倘若手足彼此經濟狀況堪憂，實在難以期待可以此安養天年，甚至自己可能要對手足負擔扶養義務也說不定！因此，好好盤點整理名下資產來規劃晚年生活，真的是刻不容緩的重要議題。

以房養老的用意

目前國人年過半百者持有不動產的比例甚高，雖然不動產能夠保值，且讓自己有安居棲身之地，但不動產的缺點在於不容易變現，資產的流動與運用程度較低。再者，依據內政部公布「一〇九年簡易生命表」顯示，國人的平均壽命為八十一．三歲，其中男性七十八．一歲、女性八十四．七歲，皆創歷年新高。多數人自六十五歲退休後除了勞保退休金外，就無固定收入，如何度過之後十幾、二十年的生活，實在令人擔憂。

所幸，一〇四年十二月九日正式修正通過《老人福利法》，可以透過「以房養老」的方式，讓尚有不動產的高齡者將不動產辦理逆向抵押貸款來保障晚年的經濟、居住、照護需求，並落實「在地老化」。

以房養老的制度運作，是讓高齡者擔任借款人，將名下單獨所有、以自主為使用目的的不動產作為擔保，向政府或金融機構申請貸款。在不出售不動產且得繼續居住使用房屋的情況下，讓高齡者透過融資以生前不需支付任何貸款本金與利息的方式，按月或一次性的取得款項，作為養老資金而得以穩固生活品質。

以房養老不同於房貸

以房養老雖然也是把房子拿去貸款，但跟一般買房所辦理的房貸，仍有以下幾點不同：

一、以房養老讓高齡者保有房屋的所有權與使用權，除非高齡者辭世或自行將房子出售，否則不會被要求搬離長年習以為常的住處。

二、以房養老的貸款是定期給付，不像房貸通常是一次給一大筆金額，為了確保高齡者每月的生活品質、避免過度花費，因此貸款機構會定期支付款項予高齡者，直到貸款期限屆至或高齡者辭世為止。

三、借款人生前不需償還貸款本息。由於以房養老是以房子本身的價值做逆向貸款，因此借款人不須提出聯徵個人信用資料或薪資所得紀錄來證明還款能力，而且貸款期間也不需要償還本息。在高齡者辭世後，貸款機構會透過拍賣房產或由繼承人贖回的方式來清償貸款金額。

四、無追索保證。借款人之擔保品是以房屋價值為限，不足清償貸款的部分，金融機構不會向借款人或繼承人追索，也就是借款者與繼承人的其他資產不會被要求清償以房養老的債務。

由於以房養老的本意，是在保障高齡者晚年的照護生活與品質，因此在貸款條件中，銀行多會附加年齡限制的條件，原則上要年滿六十歲才得以申請，貸款年限則以貸款期間加計貸款年齡不低於九十五年計算，例如貸款年齡為六十五歲者，則貸款年限最長為三十年。再者，由於高齡者名下不動產屋齡大多較高且不用提供資力證明，貸款機構也會有日後房子不易拍賣的風險，因此貸款機構於核貸時，會較一般房貸更為保守，目前貸款成數多以未滿六成居多。

此外特別建議在評估是否採用以房養老之前，應先確認房子的屋齡、坐落縣市與價值，先向貸款銀行詢問可以貸款的數額以及每月提撥的金額後，再決定是否辦理，以避免每月可提供的生活費不多，房子還冒著被拍賣的風險。

最後，由於以房養老是以高齡者生前的主要財產作為貸款擔保，或多或少會影響到日後繼承人的權益。如果高齡者辭世，繼承人可以透過清償債務的方式重新取得不動產的所有權。但是如果繼承人無力清償貸款，則貸款機構就會進行不動產拍賣的程序，若拍賣金額扣除貸款等費用後仍有剩餘，餘額仍屬於遺產的一部分，繼承人仍得主張繼承。

以房養老涉及的層面頗廣，建議高齡者或子女在進行晚年財產規劃時，應妥善溝通協商，關於自身的權利義務或是契約應負的責任都可以跟律師預約諮詢評估。

有了妥善的資產規劃，才能無庸為五斗米折腰或讓子女擔憂，讓退休生活高枕無憂、恣意快活。

第20課

溫柔承接生命最後不可承受之輕
——安寧緩和醫療

我常常在思考父親過世對我人生的意義是什麼？

那一年，父親被診斷得了胃癌，這件事對我來說很不真實。我還記得那一幕，是一位跟父親很親的叔叔，剛好因為陪同就診先聽到父親的診斷報告，特地打了個電話說有事找我，他開車到我們家樓下，請我下樓。

然後在那個低溫細雨的下午，我和老公在寒風中一起聽到叔叔緩慢吐出那幾個字：「醫生的診斷結果是胃癌。」

當時父親七十四歲，是一個開始衰老卻又似乎還有機會走很長一段人生的年紀。當下我的感覺是，對一向是強人的父親這應該算是小事，就是動個手術，休養一陣子，改變生活習慣，他又可以像以前一樣常常照顧我們，看護著我們，總是給我們無上限的協助。

事情其實一開始很順利，順利的我以為比想像的還要簡單。父親很快等到病床，有個朋友推薦的資深專業醫生當機立斷建議父親切除全胃，也跟父親說這是很常見的手術，未來靠小腸吸收營養即可。

碰巧前幾年，我們也有一位遠房親戚切除全胃，在一段時間休養後，人還變得白白胖胖的，所以我也鼓勵父親說這樣沒問題。

手術的日期在醫生的配合下，排得非常近，所以一切的進度快得讓人來不及去感受，從發現病灶開始不到一個月內，父親已經切除了全胃，在加護病房裡觀察。

等在病房外的我們，最初也慶幸早期發現又遇到好醫生，父親福大命大，一定是因為他總是幫助別人的福報。

可是，父親的氣管內管卻一直不達標準指數而無法拔除，不能進一般病房休養。照道理說，手術順利，出加護病房是指日可待的事，但因為父親年輕時從事空調設備工作會接觸粉塵，再加上有一段抽菸的時期，所以十幾年前就曾經因為肺部纖維化切除了一部分的肺。因此這次因胃癌而動的手術，雖然不至於對他的生命造成威脅，但術後的恢復卻意外遇到困難。

我們遇到的最大難題，就是父親最不想要的插管人生。這意想不到的狀況讓我們難以抉擇。拔，或不拔？要氣切嗎？難道從此就讓他跟管子共存在未來的養老日子嗎？

我很感激當時父親的醫生，他建議我們拔管讓父親逐步學習自行呼吸，因為他判斷父親或許因為長期和纖維化的肺共存，所以呼吸指數本來就沒有一般人好，可以讓他試試看在及格邊緣拔管。

父親的意志力真的很堅強，拔管之後，他的確靠自己慢慢正常呼吸，只要戴基本的氧氣鼻管就好。但是，下一個難關還在後面。全胃切除後，體重會快速減輕，雖然可以透過調整慢慢恢復，但同時有兩個敵人（體重、呼吸）的父親，還是打著非常艱難的一場仗。

一般全胃切除的病人只要好好做飲食調養，還是可以過著很接近一般人的生活，但父親因為呼吸一直很費力，造成食慾不好，交互影響之下，體重一直無法上升，瘦弱的他，每一口呼吸都跟跑馬拉松一樣辛苦。

「我是為了你們才這麼努力的，不然我不想這樣過日子。」

父親在病程中曾經這樣對我說。有時候他會鬧脾氣，有時候他會突然很沮喪的說想放棄。可是，他還是像以前一樣關心我們、擔心我們。

每次我去看他的時候，他都先問我吃過飯了沒？最近公司生意好不好？小孩平安健康嗎？還總是招呼著看護切水果給我吃。

我知道他跟病魔作戰的好辛苦，可是我捨不得放開他，想要他陪在我們身邊。他也是，所以他一口口吃下對他已經不是什麼享受的食物，切得細細的菜，吃得那麼久，味道香氣都跑掉了。他也很努力的跟呼吸器一起生活，幫他的肺部打氣。

經過疫情，中間為了換看護、輪流照顧，家人們、父親，大家都很辛苦，可是大家都不喊累，只希望有一天，父親可以像以前一樣，正正常常的和大家坐在一起吃飯。

不過，眼看著父親的體力越來越弱，時而換上重度的呼吸器，臉上的肌肉都被壓出了血痕，我開始覺得，我們這樣似乎很自私，我們要他為我們做的犧牲，超級殘忍。

最後，父親真的耗盡最後的氣力跟我們道別了。他清醒的最後一刻，我餵著他布丁，也觀察到他不尋常的生命指數。

他離開的最後幾天，我婉拒了所有幫助父親的藥劑與輔助，也簽下了不施行心肺復甦（不插管、不電擊、不施打強心劑等）及其他維生醫療也不再加重供給（更多的氧氣、更多的營養……）的意願書。我知道，父親會支持我這麼做，不要讓他再多被折磨幾天或幾個小時。

如果我們角色對調的話，我也會希望他這麼做。在他昏迷時，我在他耳邊說了很多話，他沒有力氣睜開眼睛，我輕輕拉開他的眼皮，請他聽懂就動動眼珠。他照做了，眼角卻滲出了淚水。

我就這樣跟父親道別。

我花了很長一段時間，學習當一個父親不在的女兒，心裡覺得很苦。但後來慢慢發現，父親一直都在，我的人生從此與他用另一種方式接軌，不再分離。

「我一直都覺得他是不是被診斷錯了，看起來好好的一個人。」母親在父親過世後，還不時會這麼說。

所以，無常隨時都在，我們真的要珍惜當下，珍惜身邊的人，因為這一刻的幸福，下一刻可能就蕩然無存。

聽了靜如與父親的故事，深深覺得她在父親臨終前做出不實施心肺復甦術的決定，著實非常了不起。畢竟自我們從小健康教育課程開始，學校就不斷的教導學生怎麼實施ＣＰＲ，當我們面臨親人甚至毫無血緣關係之人發生呼吸終止及心跳停頓時，通常第一個反射性的念頭就是應投注各種急救措施予以救治。加上以傳統講求孝道的觀念來看，倘若有一絲存活希望，子女似乎不應放棄。在以上所述社會壓力下，要親屬、後代簽署不實施心肺復甦術同意書（簡稱ＤＮＲ），真的是身心靈巨大的煎熬。

然而，當走到生與死的分叉路口，對於病榻上摯愛的親人而言，怎樣的醫療措施，才是最好決定呢？如何才能讓後代子女免於做出是否簽署ＤＮＲ的困難抉擇呢？

尊重病人自主意識的善終原則

近年來，社會上對於末期病人的自主意識逐漸受到重視，也開始反思善終的真正意涵。立法院在民國一〇〇年一月間，三讀通過與施行通過《安寧緩和醫療條例》，讓民眾可以在意識清楚的情況下，事先簽署「預立選擇安寧緩和醫療意願書」，決定日後自己被醫師診斷為「末期病人」時，是否不實施CPR（包含插管、體外心臟按壓、電擊）、不施行維生醫療系統，以避免無謂的延長瀕死與毫無尊嚴的生命過程。

簽署DNR不僅可以避免不必要的醫療浪費，最重要的是，自己終究不再是醫療過程中的客體，毋庸讓家人作出背負罵名的決定，實實在在的掌握生命最後一哩路的自主權，瀟灑、坦然的選擇與世界溫柔道別。

至於怎樣的狀態，才符合「末期病人」的資格，而適用到安寧緩和程序？依照《安寧緩和醫療條例》規定，是否已成為末期病人需要經由兩位醫生診斷，確認疾病已經不可治癒，且病況在三到六個月內無法避免死亡的結果。常見的除了癌症末期、漸凍人等疾病以外，八大類非癌症末期病人，包括失智症末期、嚴重中風、腎衰竭、肝臟與肺部疾病，且情況嚴重瀕臨死亡者，也列為末期病人的範疇。

另外，有不少民眾認為，安寧緩和的醫療品質低落，是醫療院所的「冷宮」與被遺棄的一隅，對此冠上「坐等死亡」等陰暗、負面標籤。但其實從「安寧緩和」的定義來看，這是以「促進病人善終」為目標，免去各種無謂延長瀕死狀態的醫療，將資源著重於對病人與家屬身心靈的陪伴，透過「五全」的照顧，包含提供「全人」（全面照顧病人身心靈）、「全隊」（提供完整專業的醫療團隊，包含醫師、社工師、心理師、宗教師、營養師等）、「全程」（自安寧開始到善終，完整的陪伴與悲傷輔導）、「全家」（以病人及家屬為中心的全員照顧）、「全社區」（落實「去機構化」，以家與社區為中心的照顧），來達到生死兩相安的境界，溫柔承接生命最後不可承受之輕。

安寧緩和醫療的選擇

關於適用安寧緩和醫療的地點，近年來也有越來越多病患選擇在家中進行最後的善終流程，讓安寧醫療團隊走出機構，走入每個家庭當中。可以安排醫師、護理師或社工師定期探訪，讓病患身心不適的症狀予以控制，也對家庭環境安全及設備提供建議，作為家屬心靈照護的支柱。

附帶一提的是，有些人會擔心如果選擇在住家或是租屋處為善終場所，是否會影響房子日後出售的價額，或是違反租賃契約呢？答案原則上是不會的。因為安寧善終是自然死亡的過程，法律上並不會認定為凶宅，不會有損於屋主或之後買家的權益，甚至民俗上也被認為有老人家在屋內「壽終正寢」是極大的福氣，該房子應是「福地」，因而在法律層面上不會有疑慮。

由以上說明來看，您是否對於簽署DNR躍躍欲試了呢？

依照《安寧緩和醫療條例》第七條規定，只要年滿十八歲且享有完全行為能力的人，就可以自行簽署DNR。簽署的過程中，需要另外有兩名成年、具有完全行為能力者在場全程擔任見證人，以確保本人意識清楚且完整了解簽署DNR的意涵。

需要特別注意的是，實施安寧緩和醫療及執行維生醫療的醫療機構所屬人員不可以擔任見證人，以避免有利害衝突的情況發生。如果是未成年要簽署DNR的話，因為不具有完全行為能力，因此需經由法定代理人書面同意後，簽署DNR才具備法律效力。

簽署文件後，還需要完成健保卡的註記。應將正本寄至衛生福利部意願資料處理小組或臺灣安寧照顧協會，相關人員會協助將安寧緩和意願資料登入衛生福利部網路資料庫完成健保卡註記，確定註記成功後，日後只需帶著註記過的健保卡，就等同於帶著紙本正本意願書，日後任何醫療院所都可以明確知悉安寧緩和的意願了。

在精彩人生的最後一刻，你希望怎麼跟世界溫柔道別呢？

預先簽署安寧緩和決定，讓最愛的家人不用為艱難的醫療決定反覆徹夜難眠與進退兩難，而是溫暖牽起彼此的雙手，把最後寶貴的時間用來珍惜細數點滴回憶，緩緩的、寧靜的彼此陪伴直到人生的盡頭。

【結語】

聰明生活、認真生活，擁有幸福人生

林靜如

兩年前，我摯愛的父親因病過世後，我就一直希望能夠出版一本與生命議題相關的書，也希望慢慢籌劃整合相關的資源，以一個斜槓主婦的身分對熟齡世代有所貢獻。

從一個傳統家庭主婦的角色開始，我們被期待好好扶養孩子、照顧長輩、顧好一家人的吃穿，自己還不能人老珠黃，而新世代的主婦如我們，更被寄與要持續成長、成熟，甚至要有隨時能經濟獨立的底氣。

我自己創立娘子軍婦女創業平臺的初衷，就是希望除了上班領薪水之外，女性選擇離開職場留在家中擔起家庭成員的後援，能創造的是更大、更全面的價值。於是我發展各式各樣的斜槓選擇給主婦之外，更希望這些斜槓不要脫離我們成為主婦的原意，可以把我們被期待的「職務」發揮得更專業、更淋漓盡致，而最終的目的，就是要讓家庭的幸福達到最大值。

但這一切的起點還是要從穩定的經濟、自我的價值、感情的交流、生活的照護方方面面去平衡、兼顧，而這些其實是家庭成員每個人的責任。

因此，不管你是身為家中的哪一個角色，包括在外闖蕩或是在家後援的人、年紀大的、年紀小的、銀髮的、黑髮的，都應該了解家中的財務結構，一起規劃也一起努力，讓家庭的財務規劃更健全。

如果父母的收入好，除了可以透過規劃讓全家享有好的生活品質之外，也能提前準備孩子的教育基金，保全自己的養老生活，甚至有機會在身後傳承給孩子，讓他們持續享受父母給的愛與資產。

我自己很幸運，從小爸媽給我滿滿的愛，父親身後也留下了一些資產給我當禮物。在這麼完整的保護與愛的包覆下，唯一小小的遺憾就是，我一直沒嘗過太多人間疾苦，所以一直沒有什麼憂患意識。後來，在父親過世及產後憂鬱的夾擊下，我終於體會到，人生的意外來得突然，如果你沒有做好準備，很可能會讓自己沒有承受風險的能力。

於是，除了以往擁有的作家、講師、主持人等收入之外，我也開始規劃平臺經營及包括保險、租賃住宅管理人員、體重管理師、調香師、成長曲線管理師等各式證照，來強化自己的經濟自主能力，甚至是相對被動的收入。

而人最重要的，就是具備讓自己快樂的能力。

好好管理自己的財務與生活，才有辦法照顧好身旁的人。對我來說，透過不斷的學習與吸收知識，讓自己越來越好，是最根本的處世之道。

這本書寫完之後，我最想告訴大家的就是：聰明生活、認真生活，你才能夠擁有一個自己選擇的幸福人生。

後青春幸福相談室

20 堂生活法律課，規劃你的富足人生地圖

作者——林靜如、鍾依庭、彭志煊

主編——林孜懃
美術設計——王瓊瑤
行銷企劃——鍾曼靈
出版一部總編輯暨總監——王明雪

發行人——王榮文
出版發行——遠流出版事業股份有限公司
地址——104005 臺北市中山北路一段 11 號 13 樓
電話——(02)2571-0297
傳真——(02)2571-0197
郵撥——0189456-1
著作權顧問——蕭雄淋律師
2023 年 5 月 1 日 初版一刷
定價——新臺幣 380 元
（缺頁或破損的書，請寄回更換）

ISBN —— 978-626-361-091-0

遠流博識網 http://www.ylib.com
E-mail: ylib@ylib.com
遠流粉絲團 https://www.facebook.com/ylibfans

國家圖書館出版品預行編目 (CIP) 資料

後青春幸福相談室 : 20 堂生活法律課 , 規劃你的富
足人生地圖 / 林靜如 , 鍾依庭 , 彭志煊著 . -- 初版 .
-- 臺北市 : 遠流出版事業股份有限公司 , 2023.05
面 ;　公分
ISBN 978-626-361-091-0(平裝)

1.CST: 法律教育 2.CST: 生涯規劃 3.CST: 通俗作品

580.3　　112004911